讓對話，不再模糊與情緒化

The Art of Conscious Conversations :
Transforming How We Talk, Listen,
and Interact

當情緒將對話導向誤解、衝突與沉默時，如何重新聚焦對話，一同前進

查克‧威斯納——著
（Chuck Wisner）

李姿瑩——譯

晨星出版

獻給我的妻子卡塔，
感謝她的愛、友誼
和善良，
也將本書獻給
我的兩個兒子班和山姆。
感謝他們測試我，教導我，
讓我可以做得更好，成為更好的人。
我超愛你們的！

目錄
contents

第一部分

說故事的對話
你的故事不是真相

第二部分

合作性的對話
試圖理解並吸收他人的觀點

第三部分

創造性的對話
相信你的直覺

第四部分

承諾性的對話
不要提出自己無法兌現的承諾

前言

　　25 年前，我在麻薩諸塞州劍橋市（Cambridge, Massachusetts）一間中型企業擔任合夥人，其中一位合夥人一直都有飲酒的問題。他的行為逐漸對公司的領導階層、員工和客戶帶來負面影響。身為領導的我們很沮喪，思想愈來愈負面，使公司愈趨失能。我們束手無策，不知該如何度過這波危機。

　　當時，我熱衷於閱讀史蒂芬‧柯維（Stephen Covey）的《與成功有約：高效能人士的七個習慣》。這本書讓我學到很多，也讓我明白我們不能再迴避面對問題。我們向外求援，還忍受過幾個不適任的顧問，最後宇宙為我們送來一位名為琳達‧瑞德（Linda Reid）的商務教練。她的經驗、知識、同理心和全新的視角使她能夠評估公司內部人與人之間，以及業務上互動的情況。她介紹了一些實用的工具，讓我們可以用新觀點與技能來管理公司面臨的狀況。過程中我們也遭遇到一些困難，但最終，我們透過更有意識的對話做出改變，並且針對未來要如何前進達成共識。

　　琳達的工作讓我非常好奇。我想知道，她是怎麼辦到的？她知道什麼我不知道的事？除了柯維的書，我從來沒有接受過管理或領導相關的正式訓練，所以她的工作在我眼中彷彿魔

法。這讓我感到謙虛，我也因此受到啓發，求知若渴。

　　我本來就對哲學、心理學和靈性這些東西很感興趣，而這些跟我從琳達身上學到的東西有異曲同工之妙。我因此受到啓發，花了四年的時間重新接受教育和重新學習不同的技能，並開始從事與領導、諮商和培訓有關的新事業，專注於善用語言和對話的力量。我希望，透過這本書，我能將琳達和其他老師教我的「魔法」，以及我在過去30年間累積的寶貴經驗打包呈現給各位。我很榮幸能與各位讀者分享，同時也要歡迎各位一起踏上有意識對話的道路──這會是影響終生的一趟旅程。

導論
從對話中醒來

轉個彎而已，不代表路已走到盡頭……

除非你不小心沒轉好。

——海倫·凱勒（Helen Keller）

當我還是年輕的建築師時，我曾經親眼目睹營造業的許多衝突。吵架的情況很常見：建築師跟工程師吵、工程師跟承包商吵、鄰居與開發商吵、地方官員與業主吵。自負、立場強硬，再加上營建業的高風險跟高利潤，對話常常沒進展，或許一點都不足為奇。

某個寒冷又下雪的冬日早晨，在一間潮濕又尚未完工的一樓空間中，我跟一位名叫賽斯的工程專案經理努力要讓某場會議可以順利進行，要針對一個價值好幾百萬美元的建案，討論出時間表和每月支出。建築物的業主命令他的代表，凱文，要在會議上好好修理大家，讓所有人明白他一點都不信任承包商。建築公司的老闆喬和他的兒子對業主或凱文也沒什麼好感。會前，我和賽斯先審視了經費申請和預算。我們計劃要調整施工時間表，並且批准80%的請款申請。會議上，凱文不斷插嘴，要求要有更多折

扣。他辯稱，工程沒進度就表示建商沒資格拿到他們要求的15萬美元。喬和他的兒子火冒三丈。如果沒有全額付款，他們就無法付款給承包商，那建案一定會戛然而止。

喬指責凱文說，他根本是業主的爪牙，凱文則說喬和他兒子都很無能。大家愈來愈激動，賽斯和我還沒來得及想辦法讓大家冷靜，喬的兒子就跨過會議桌，揍了凱文。賽斯和我好不容易把打架的兩個人拉開，請喬和他兒子先離開會議現場。我回到辦公室，冷靜下來後，開始思考這場會議為什麼會搞成這樣。會議室內的每個人都很聰明，而且有共同的目標，但到最後還是打架了事。會議中的每個人都心存善意，但也都有自己的考量、顧慮和理由。

我們都曾經碰過像這樣的交流，讓人既沮喪又覺得壓力很大。有些交流沒有這麼誇張，有些則根本是大亂鬥。我們可以選擇直接離開，期盼類似的情況未來不會再發生，但這樣的作法無法幫助我們下次處理得更好。

日常對話常形成讓大家百思不得其解的糾結，本書《讓對話，不再模糊與情緒化》則試圖梳開這些糾結。後來，當我教導客戶如何應用本書中提到的概念，經常會聽到他們說：「為什麼我沒有在小學就學到這些觀念？如果當時就知道，生活會變得比較輕鬆啊！」或是，「感覺會很費工，但一定會讓我變成更好的領導者。」或，「我從來沒注意到自己原來這麼自以為是。」

我們生活在對話中，就像魚生活在水中一樣。魚不會特別意識到自己在水中游泳，我們也一樣，跟他人對話時會往往不

假思索。很多時候，我們不會特別去思考隱藏在自己情緒底下的想法或用詞，所以我們跟別人說話或聆聽他人講話時，都會開啟自動導航模式（autopilot）。前一分鐘，我們還正在享受咖啡跟吐司，彷彿身在天堂，下一分鐘就因為老闆傳過來的訊息掉入地獄，心煩意亂。在那一瞬間，我們很渴望自己知道該如何應付要求過分嚴苛的老闆，巴不得已經下班來一杯酒。而且我們會自言自語，在腦中不停碎碎念說，**如果沒準時趕到，我就死定了！不會吧，現在已經六點了？今天不知道會不會塞車？下班以後，我一定要讓喬許了解我的想法。**我們也會跟其他人交談，說「你到底躲到哪裡去？」之類的話。或是，「他們怎麼會投票選那個人啦？」我們覺得有壓力，感覺情緒起伏，也想了解為什麼對話的走向到最後變這麼奇怪。我們通常不確定到底發生什麼問題，而且大多數人都不清楚該如何改善對話或關係。

本書是一本實用指南，幫助我們了解對話，並審慎地反思對話內容，避免落入常見的陷阱，導致人際關係和工作偏離軌道。我們若了解與烹飪相關的化學常識，就會提升烹調技能。若了解國際象棋的規則，就會以全新的眼光來看棋盤上的局勢。若我們在北極與因紐特人一起生活一整年，沉浸在他們的語言中，學習因紐特語中各種不同雪的名字，我們看雪或體驗雪的方式就會從此改變。對話也是如此。在這本書中，我們會探索對話的DNA，從中發現、欣賞語言的力量和本質。我們會對自己如何進行內在對話以及如何與他人對話，以及為什麼有

時有用（有時沒用）有初步的認識。

我們的對話 —— 不管是在家、在職場或在公共場合 —— 可以成為快樂的源泉和成功的基石，也可以帶來痛苦，導致失敗。因為對話可以幫助我們實現目標，但也很容易成為絆腳石，所以我們應該要用全新的眼光來檢視對話。

語言哲學和語言學的偉大思想家以及老師，已經針對溝通交流和人際關係寫了很多文章，但這些作品往往令人望而生畏，難以理解，也很難消化。這類書籍很厚，擺在國內外大學的書架上。而這類的課程通常都很深奧。在撰寫這本書的過程中，我希望能把讓人感到昏頭轉向的理論和哲學轉化成容易理解的觀念，並為讀者提供醍醐灌頂又實用的工具。

過去25年間，我在與妻子、孩子、朋友和同事對話時，不斷改進在對話中保持清醒的藝術。我也有幸與好幾百名客戶一起合作，幫助他們應用本書的工具，改善對話。

某天，我其中一位客戶傑米和我相約喝酒。在此之前，我們兩個已經有一年沒見面。我們先聊了他的工作近況後，傑米向我提出一個很有意思的問題：「現在有很多工具和練習，對我在家和在職場工作都非常有幫助，但我不知道該如何把這些工具跟練習全部整合在一起。你有沒有什麼辦法，可以把這些點都連起來，全部組合起來？」那一刻，我沒有答案，但他的問題讓我思考了好幾個月。我想知道自己要怎麼把建構、安排這些工具跟觀念，讓大家更容易理解和應用。幾個月後，我和妻子到海灘散步時，我找到了答案。傑米提到的許多工具和複雜的情況，可以分

成四種基本類型的對話。我在美國第一所獲得教練課程認證的
紐菲爾德學院求學時，從朱利歐・歐利亞（Julio Olalla）、拉斐
爾・俄切維里亞（Rafael Echeverria）與蕾斯莉・波利特（Lesley
Pollitt）身上學到這四種對話基本類型。我豁然開朗的那一刻，
為這本書播下種子。

四種對話模式 —— 說故事、合作性、創造性和承諾性 ——
也成為這本書的基本結構，幫助我們把各個點連起來。

說故事的對話（Storytelling Conversation）：
你的故事不是真相

說故事的對話裡會談到我們相信並且會告訴自己和他
人的故事。這些故事會以很多形式定義我們，決定我們如
何向這個世界展現自己。這個部分會探討我們沒有說出口
的敘事中隱藏的智慧，以及介於情緒、事實和觀點之間錯
綜複雜又令人困惑的關係。

合作性的對話（Collaborative Conversation）：
試圖理解並吸收他人的觀點

在這種對話模式中，我們個人的故事會與其他人的故
事交融，讓不同的觀點浮現出來。在合作性對話中，我們
學習如何吸收與我們相反的立場，改變自己的觀點，放下

防衛，改變自己的傾聽方式。我們用建議和提問來改善自己的對話技巧，與他人相處更愉快。

創造性的對話（Creative Conversation）：
相信你的直覺

創造性的對話會讓我們打開心胸，接受新見解。透過創造性的對話，我們可以嘗試整合大腦理性的左腦和創意的右腦。創造性對話的練習包括學習聆聽自己的直覺、產生新想法，以及重視與他人步調一致。我們如果能更專心，更開放心胸，就能做好準備，看到、聽到與我們交會的機會，並且採取行動。

承諾性的對話（Commitment Conversation）：
不要提出自己無法兌現的承諾

承諾性對話的重點是起而行。我們每天都會跟其他人交換無關緊要或重大的承諾。從答應說會洗碗到簽訂重要的合約，我們對彼此說出口的承諾是我們與其他人協調的基礎。我們協議決定誰負責什麼、時間、方法、地點以及原因。透過這種方式，我們才能完成工作。第四部分的工具會幫助我們做出更明智的決定，給承諾的時候也會更謹慎，藉此建立信任。

　　這四個對話模式各有不同，同時相輔相成。我們可能會在一瞬間同時體驗四種模式的對話，也可能會需要專注於其中一種。這四種模式提供源源不斷的材料讓我們可以使用。

　　這本書不是什麼新時代幸福的承諾。要進行有意識的對話也不需要依循特定的教條或信念。你只需要擇善固執，下定決心要重新審視自己與老闆、朋友、親人之間的互動——還有跟你自己的互動。

　　我希望這些概念和練習能夠引導讀者進行更有意識的對話，建立滿意的人際關係，也有成功的事業。一次一個對話慢慢改，你便能夠慢慢減少自己的壓力，讓自己活得更自在輕鬆。

練習

　　無論從事什麼運動，練習都會改善自己的表現。書中每一章的練習提供不同的反思、見解和每天都可以應用的實用工具，讓你可以不斷改善自己的對話。

　　開始探索前，試著先以好奇的心態客觀地觀察自己和自己的對話，不要自我批判。拿一本筆記本，寫下你的觀察和想法。留心和關注會幫助大腦把習以為常、帶來壓力的交流模式重新調整，讓我們重新檢視我們的對話。

第一部分

說故事的對話

你的故事不是真相

說明：為什麼先談說故事？

我們使用「對話」這個詞彙時，往往會想到是與其他人的對白。我們不太會去思考那些經常被我們忽略、腦海中時不時蹦出來的個人想法 —— 有時候可以叫這些想法「委員會」（committee）。但我們其實真的應該在討論對話時，一同考慮這些內在的想法，因為我們內心的想法會創造出我們相信的故事，也反映出我們生活的方式。這些私密的想法 —— 無論有意識或無意識 —— 都是我們自己相信的故事，也是我們交流的基礎。

故事不是一灘死水。故事裡面包含事實與謊言，而且故事可以說服我們改變想法、關係和決定。我希望大家先從探索自己的故事開始，因為無論你是與誰交談、或有什麼樣的背景，每次交流的共通點都是你和你的故事。

第1、2、3章的焦點是我們個人的想法。這幾章會介紹了解個人故事的工具和練習方式。請花一點時間，想想你腦中有什麼想法一直轉，讓你因此分心，或讓你徹夜難眠。這個想法會讓你擔心或感覺有壓力嗎？如果我們放任不管，這類想法會影響我們的想法、感受，以及我們的交流。但若我們能意識到這些內心的故事，我們就能從擺脫這些法的控制，並應用我們原本就有的智慧。

談到智慧（wisdom）。我喜歡韋氏大辭典裡面的定義。

1a：辨別內在特質和人際關係的能力：**洞察力**

b：良好的判斷能力：**判斷力**

c：廣泛被接受的觀念//挑戰許多歷史學家認可的智慧——
羅伯特・達頓（Robert Darton）

d：日積月累的哲學或科學知識：**知識**

2 ：明智的態度、信念或行動方針：

3 ：古代智者的教誨：

　智慧仰賴我們是否有能力有效思考問題或挫敗。所謂的智
（wise）包含了我們的直覺和洞察力，以好奇心與他人交流的能
力，以概念和事實為根據做出決策的能力，以及明白自己知識
有限的謙遜。從說故事的自己開始，我們便可以重新考慮所有
的對話，累積出更睿智的觀點。

　第1章會解釋我們的大腦、自我、意識和自動導航模式
如何協助或阻礙我們的對話。

　第2章會探討故事裡面的各種關鍵要素——事實、情緒
和觀點。

　第3章會說明，說出口的話和私密想法之間的重要差
距——幫助大家了解這樣的差距如何影響我們的對話。

　第4章會介紹四個原型問題——渴望、顧慮、權力關
係和判斷標準——並以這四個問題作為調查故事的指
南。

　讓我們開始拆解自己的故事。你跟委員會討論時，可能會

笑，可能會哭，不過最終這樣的努力會是值得的，因爲這會讓你成爲更好的對談者。

故事的誕生

現實總是比我們講述的故事更和善。

——拜倫 · 凱堤（Byron Katie）

幾千年來，人類一直都在說故事。這些故事影響我們如何與他人相處、如何為人父母、如何工作、如何關愛他人；也影響我們重視什麼；以及我們選擇與誰開戰。這些故事描繪我們的身份（父親/兒子、領導者/追隨者、公民/移民、保守派/自由派）。讓我們建立關係（夥伴關係、婚姻關係、友誼、同事）。我們藉著故事（書籍、學校、大學、電影、小說）娛樂彼此、教育彼此。故事也讓我們有機會與他人合作（簽訂合約、就業、朋友間相互幫忙）。

在稀鬆平常的生活中，我們不斷產出故事的大腦做得很好，所以我們很少會注意到大腦在做什麼。一切井然有序，像在家一樣自在。此時此刻，我啜飲著義式濃縮咖啡，聽音樂，

自言自語地編輯我的草稿，同時感受到咖啡因帶來的刺激。同時間，故事不費吹灰之力地在我腦海中穿梭來去。我們的故事遍及各種類別，從有害的（我這輩子都不可能通過這個三角函數考試）到有幫助的（我已經做好準備，一定會拿到碩士學位），從枯燥乏味的（我今天要來整理一下收件匣）到印象深刻的（我如果能保持信念，好好照顧自己，一定可以平安度過這次診斷）。

這一章會揭露人類如何透過先天與後天因素的潛意識合作，形成故事和思想。我們會探究大腦如何驅動我們的感知與自我，又是如何讓我們不自覺地讓自己的思考和反應變成自動導航。

人類大腦每秒鐘接收大約4000萬筆數據。平均來說，人腦有1000億個神經元，形成一個錯綜複雜的網路，有驚人的儲存容量，而且不斷持續活動。我們的大腦以風馳電掣的速度管理接二連三不斷接收到的視覺、聽覺、觸覺和嗅覺信號。彷彿魔法般，大腦還可以過濾接收到的數據、建立連結、產生感知、做出預測，幫助我們理解世間事物。我們的大腦也是說故事的機器，持續不斷地觀察此時此刻發生的事情，與我們的生活經歷建立連結，再預測接下來可能會發生什麼事。大腦孕育了我們的故事。這台說故事機器日以繼夜，但又毫不費力地工作。這是人類生存的基礎。

神經科學是腦部研究中令人感到振奮的前瞻領域。而神經科學才剛剛開始了解這些複雜的大腦迴路。我沒辦法詳盡地說

明相關研究的細節，但了解神經科學的基礎知識，可以幫助我們了解有意識的對話。我們的大腦由新皮質、內嗅皮質、海馬迴、杏仁核、左半球、右半球、胼胝體等組成。這令人難以置信的網路提供生物轉換、神經元、突觸、軸突和樹突，產生交錯的電火花，成為我們感受到的體驗。在我們沒有意識到的情況下，大腦在幕後做了很多事。

在大腦默默工作的同時，透過遺傳與環境的合作，我們逐漸變成現在的我們。我們的DNA和我們所有與生俱來的身體素質構成我們的天性。我們所有的生活經歷則影響我們成為什麼樣的人、我們的想法、我們的感受和行為（和反應）。我們的祖國、父母、教育、社會、文化，都是自我的一部分。從出生開始，我們就從自身的文化環境中獲得概念、發展思維模式與情感模式，以學習求生。我們的DNA和社會規範密不可分。這兩者的結合就是我們思考、偏見、判斷、情緒和故事的根源。

大腦網路被「點亮」的情況會讓我們體驗初戀的回憶、對朋友功成名就的嫉妒、對霸道老闆的憤怒、或一塊巧克力帶給我們的快樂。科學家、心理學家和神經科學家還在探索遺傳與環境如何通力合作的奧秘。神經科學還在起步階段，但這門科學顯然可以讓我們了解我們為什麼會有特定反應，以及我們為什麼會做出某些決定。

圖片1概略地將錯綜複雜的思維和思考模式簡化呈現。這張圖可以幫助我們了解故事的起源和本質。外部刺激進入我們的感官（視覺、聽覺、嗅覺、味覺和觸覺）。接著，大腦的複雜

系統──統整遺傳和環境影響──解釋並過濾接收到的信號，做出預測，形成感知。我們再根據我們的背景假設、偏見和過濾後的觀點來感受、思考和行動。這個過程會不斷循環。我們的大腦、身體和思想之間的連結千絲萬縷，而且會從我們接收到的聲音、景象、溫度、氣味、味道和經驗，來創造出故事。我們在任何一個特定時刻的表現，取決於我們在此之前的感受、想法和行為。一切有意識和無意識的預測跟解釋，都會先經由我們的過去來過濾，再融入這一刻。簡而言之，人類這部機器會以解釋來潤滑，充滿判斷，同時會製造出假設。

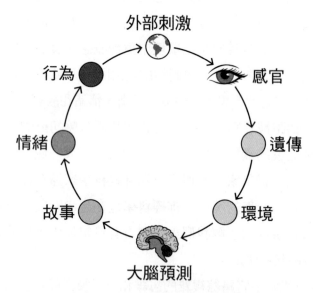

圖片 1：我們的大腦和故事

　　這一切渾然天成，但是一旦碰到明顯偏離日常生活常軌的重大偏差，或者一旦有人碰到某個深植其中的故事時，我們久經考驗的思維和行為模式就會被打斷。那時的我們時常會不自覺做出反應。爆胎、要求一堆的老闆、孩子不舒服、金錢損失、突如其來被診斷生病等等帶來的壓力，都會使我們在恐懼、淚水、憤怒、怨氣或難以置信的情緒下直接反應。這些都是很合理也很正常的反應，但是當我們不自覺迷失在那一刻帶來的衝擊中，我們會很容易發現自己被情緒淹沒，或因情緒而造成壓力。若沒有仔細審視，我們的故事和反應模式會把我們困在無益的循環中，讓我們在不講理的老闆、不忠的夥伴或大聲咆哮的鄰居面前變成受害者。然後，我們的對話也會遭殃。

意識

人生最終價值，

在於意識和沉思的力量，

而不只是生存。

——亞里士多德（Aristotle）

　　如果沒有大腦神奇的無意識活動，那我們就會因為數據過多而喘不過氣。在我們進行日常活動時，我們的大腦管理我們的身體、心理、情感和精神健康。我們運作時，通常仰賴習慣，以及一用再用的神經網路，而我們根本就沒有在選擇。

　　神經科學證實人類有能力運用不同的覺知水平。覺知（awareness）是幫助我們打破制約習慣的解藥。培養覺知可以讓我們開始注意到自己的心智，包括我們的想法、感覺和身體感受。我們可以考慮自己的想法。這通常被稱為見證自我。

　　花一點時間，閉上雙眼，只關注腦中浮現的想法和感受。只是單純觀察就好，不需要做什麼。注意此刻發生的一切——你的呼吸、你的想法、你的感覺、外界的聲音和你的身體感受。這個簡單的練習可以讓我們稍微體會正念（mindfulness）的感覺。我們很習慣分心的狀態，但是一旦我們集中注意力，就會發現自己經常不會意識到自己正在思考。無論是通過冥想還是其他方法（見第3章〈觀點與私下對話〉），我們都可以有

意識地觀察自己的思想。

我從十八歲就開始冥想。藉由冥想，我學會以中立的態度觀察自己的思想、身體和感受。時間一久，我的練習也幫助我意識到自己的思考習慣。我沒特別做什麼時，腦中自然就會有很多想法、感知和聲音來來去去。當我觀察到自己出現擔憂或消極的想法或判斷時，我會在自己（觀察者）和這些想法之間創造一個空間。久而久之，我就可以用超然的態度面對腦中來來去去的雜念，並且體驗獨立、有意識的自我。我一直喜歡將意識比喻為碧空如洗的藍天，而腦中來來去去的思想則像是浮現又消散的雲朵。就像藍天一樣，我們的意識始終存在。但烏雲密布時，我們的覺知和意識也會被這些思想籠罩蒙蔽。冥想的練習可以讓我們體驗自己始終存在的清晰意識。

如果你有興趣嘗試冥想，本章結尾處有個簡單的練習。不需要什麼信仰、特殊設備或大師指導。只是給你自己跟你的思想一點時間。像山姆‧哈里斯（Sam Harris）的《覺醒》（Waking Up）、丹‧哈里斯（Dan Harris）的《快樂，多10%就足夠》（Ten Percent Happier）還有「冷靜」（Calm）等手機app也很有用。

我們對於腦內模式提高覺知的所有努力，都會直接影響我們如何與他人互動。在更加理解對話後，我在對話中更有覺知，也能更有效地覺察對方的反應。但我絕對不算完美。有些時候，我的擔憂和反應會獲得壓倒性勝利（比方說，我超厭惡碰到很糟糕的服務）。

　　我們需要時間才能改變沒生產力的模式。假設有個人來幫我處理技術或財務問題，而我對著他大發雷霆，我可能要好幾個小時後才會意識到自己的錯誤。但想要改變這種模式，關鍵在於覺知，同時也要注意到這種模式會帶來有害的影響。與其選擇把我們的挫折感拋到一邊或是怪罪他人，如果我們能意識到這種模式帶來的傷害，我們就可以調查自己的模式（第3章會詳細介紹怎麼做），並且練習改變這種模式。如果我自己多注意，再加一點運氣，下次我再跟客服人員通話時，我可能會在兩分鐘內，或甚至兩秒內就注意到我又想發脾氣，及時覺醒，把談話中的負面情緒轉變為相互尊重。這樣我反而比較可能獲得我需要的服務。

　　提高覺知後，我們習慣的想法與判斷就不會那麼強勢霸道，讓我們可以及時注意到自己的狀況，改變自己的反應，也改變談話。避免批評自己的模式，讓我們從其中找到幽默之處，大笑一場。幽默可以舒緩壓力，也能讓大部分的對話變得輕鬆有趣。

　　我從小在繼祖父身旁長大，而他有種族歧視。他很多未經審視的假設、判斷和偏見也悄悄影響我的潛意識。我的大腦對繼祖父提到與有色人種的種種全盤接收。我還個孩子時，並沒有刻意選擇要接受繼祖父的判斷，但在家裡，繼祖父的話就是權威，而他的觀念也影響我內心的想法。等我意識到這些故事有害，還帶著種族歧視時，我很驚訝這些觀念如此根深蒂固。我花了很長的時間跟刻意努力才辨識、承認自己有這種思考模

式，並且改變我的想法，但時至今日，我仍然可以聽到祖父的
話語遠遠在腦中迴盪。我知道這些話都不是真的，也很慶幸自
己已經成功擺脫這些想法。

　　要探究自己的思想和信念需要勇氣。我的探究讓我大開眼
界。我開始有很多疑問：為什麼我碰到某些人，就會感到沒把
握？為什麼有人挑戰我的時候，我就會口乾舌燥？為什麼我碰
到某個事件會哭，但碰到另一個事件卻沒有特別反應？為什麼
我腦子裡想的是一件事，嘴巴說出口卻是另一件事？有沒有可
能我的信念其實只是某一種看待與和感受事物的方式？

　　要進行有意識的對話，很重要的第一步就是要在我們與自
己，還有與他人對話時，提高對自己思想的覺知。

自動導航

大腦無意識的處理過程會把無用的資訊隱藏起來，把對生存至關重要的資訊拉到檯面上。處於自動導航模式的大腦會決定我們如何體驗世界，以及如何看待這個世界。我們有許多故事都仰賴自動導航。讓我們可以快速採取行動，避開迎面衝過來的老虎或卡車。也幫我們節省體能，讓我們不需要停下來問自己，早上要喝的咖啡要怎麼煮？去辦公室的最佳路線是哪一條？要怎麼儲存檔案？但自動導航也有缺點。

大腦運作速度太快，導致我們根本不會質疑自己的背景故事。在我們沒有留意的狀況下，我們在自己腦中進行許多對話，充滿不可告人的想法、判斷、情緒和自我——*我真是受夠這個白痴！這些人為什麼總是不能準時？怎麼會有人相信這種政治屁話？*

我寫下這些字句的時候，美國正面臨前所未有的政治動盪。這種政治氛圍正好是個完美的例子，可以用來解釋要保持正念，讓自己離開自動導航模式有多麼困難。大家對所謂的事實存疑，媒體觀點愈來愈極端，建設性對話極為少見。民眾和政客都抱怨連連。我的客戶和朋友，各有各的政治立場。他們用難以置信的口氣傳給我電子郵件及簡訊。「這些人怎麼會想說要在學校裡面教這個？」「他們怎麼會相信國會裡那群白痴啦？」「最高法院不過只是另一個政治機構。也許已經到了要增加大法官席次的時機了。」

　　不管你喜不喜歡，人一生中會碰到很多事，與我們自己認爲應該發生的故事大相逕庭。我們希望會發生的事情，與現在正在發生的事情之間，會出現差異，而這正是痛苦的來源。當我們不喜歡自己看到的一切，我們的故事和現實之間出現的衝突——小至天氣，大至人際關係——就會在我們的想法、感受和對話中上演。「主管不應該是這副德行。」「男人不該這樣對待女人。」「她不該花那麼多錢買鞋子。」「政府什麼事都管不了。」

○　○

　　我有一位很有才華的客戶，保羅，滿心期待自己能成爲公司的主管。他的腦中有個很棒的故事在上演：**下一個主管人選就是我**。在他心中，他的同事都很無能，但他勤奮工作，讓他得到現在這個職位。他的自我在他腦中耳語著，他如果能在這企業階梯再往爬一階，他就有門票可以賺更多錢，獲得更高的名聲。這個故事令人感到心滿意足。他想要，也需要獲得那個職位。

　　問題是：保羅自己自顧自想像的故事讓他感受到無比的壓力。焦慮，不耐煩又無法不想這件事，他開始自我懷疑：**我應該要表達意見嗎？他們有沒有在聽我的意見？我需要做些什麼，才能讓他們認識到我有多優秀？**他會質疑自己說出口的話，自己的穿著，以及其他人對他的看法。他的焦慮行爲帶來與原先目標相

反的結果。他沒有專注於工作，自信地表達自己的觀點，分享自己的看法，而是讓人感覺他很不踏實，很緊張。

當公司宣布他沒有被升職為主管，他感到心灰意冷。現實與他腦中覺得應該發生的故事不符。他告訴自己，公司做了錯誤、不公正、沒根據的決定。他會難過是因為他自己盲目的故事讓他無法理解，其他人為什麼不認為他是最完美的候選人。他因此抑鬱寡歡好幾個星期。

碰巧有人介紹我們兩個認識，我們也開始合作。我請保羅先寫日誌。他在未經編輯的狀態下寫下他的故事，包含他的判斷和假設。他在紙上寫下的字句，讓我們看到他想要獲得那個職位的需要與實際情況之間有多大的壕溝。這個任務讓他開始察覺自己追求眾人關注，以及自己的不安全感，造成什麼樣的負面影響。這樣的新觀察也讓他意識到自己自顧自想出來的故事是他自己最大的敵人。

保羅採取新的做法，重構自己的故事，他的焦慮也因此減少。他慢慢地獲得更多信心，開始會在會議中發表自己的意見。他把自己盲目的渴望和現實情況之間的差距縮小了。保羅有了新的領悟，開始嘗試用新的方式表現自己。過一段時間，他就升職了。而且因為他先前努力更了解自己，讓他成為更好的領導者。

○　○

　　在自動導航模式下，我們可以藉著背景故事順暢運作——
直到出事爲止。我們可以像保羅一樣正常生活，感覺壓力很
大，持續堅持我們覺得應該要發生的故事。我們可以如此持續
好幾分鐘、好幾天、好幾年或好幾十年——直到我們正巧碰到
某個人或某件事，讓我們在刹那間回到現實。

　　我們一旦注意到自己習慣的反應模式，就不可避免地會碰
上我們的自我。

自我

在我看來，大多數人都沒有覺知，

不僅是不清楚我們在談什麼，

也不會注意我們的周遭環境、

周圍的色彩、人群、樹的形狀、雲、水的流動。

或許是因為我們太關心自己，

關心自己的小問題、自己的想法、自己的快樂、追求和抱負，

導致我們沒有客觀地覺知到這一切。

——吉杜・克里希那穆提（J. Krishnamurti），思想家與精神導師

當我們在對話中觀察自己，我們就會面對自我。**不要那麼白痴。他們真的大錯特錯。他們有什麼資格訓我話？**自我的其中一個工作就是要認同我們故事中的每一個元素（也就是判斷、偏見和信念），不惜一切捍衛這些元素，即使不願面對的事實已經擺在眼前。你如果聆聽自己腦中的背景評論，就會聽到你的自我一直碎碎念。當你皺著眉頭，同意地聆聽鄰居抱怨另一隻叫個不停的狗，你的自我正小小聲地說，**真不敢相信這傢伙這麼蠢！**

假若我們從來都不質疑自己的故事，也從來不偷看腦中的想法有什麼缺失，我們的自我會很開心。自我比較喜歡我們一直維持自動導航，不要破壞現狀。所以當你自問，我怎麼會有

這種反應？——你腦中浮現的答案可能會說：**因爲我才是對的，他們是錯的！**又或者當你自問：**我爲什麼這麼沒安全感？因爲我是個白痴，我還是閉嘴別開口。**這些答案都代表自我正在抑制我們的好奇心和意識，好讓它可以堅持自己的故事。自我的防禦速度非常快。自我很狡猾、反應快，令人上癮，又讓人信服。

不斷變換形式的自我可以成爲我們的勝利者、受害者、批評者或否定者。爲了捍衛其假設以及接下來的敘事，自我會搖身變成任何一種形式。當我們開始見證自己的故事，提高對故事的意識，自我就會以最終極的防禦形式浮現。它能言善道地向我們保證，我們不該修改也不該質疑自己的故事。當我開始觀察、質疑我自己故事中的偏見和評價時，我也逐漸意識到我的自我總有準備好的答案：**理所當然，他們犯錯了。他們怎麼會這麼蠢？**或是，**不要那麼猶豫不決。站起來爲自己辯護。**傲慢又不斷貶低他人的自我，是個讓人耳朵快聾掉的評論家。

在自我主導的情況下，我們可能會在任何一刻，認爲自己很聰明或很愚蠢。在聚會上，我們可能會環顧四周，發現自己想著，「這些人好愚蠢」。另一方面，我們也很可能在開車要去參加家庭聚會的途中，緊張到胃痛，滿腦子都想著，「**我眞是一事無成。我要怎麼面對家人？我上次去看他們時還不小心喝醉酒。**」自我最擅長否定他人以及批判自己。

自我會認同我們的故事，確保我們的環境、行爲和反應都與我、我和我有關。它始終相信自己很清楚事情會如何發展，

我們又應該做些什麼。對自我來說，最重要的一件事就是我們要相信自己的故事就是唯一「真相」。沒有什麼質疑、懷疑或好奇的空間。若任由自我主導一切，那我們就一定不會犯錯。

我們一旦開始調查自己的故事，就會開始慢慢脫離自我。覺知很重要的一個關鍵，是要用不具批判的好奇心，關注我們在自動導航模式下，自我都在想些什麼。評判我們的想法只會讓我們陷入無窮無盡的負面循環。若我們能以同理的好奇心承認自我的存在，我們就可以開始馴服自我。

○　○

我很重視要準時。我之前一直沒意識到這件事，直到我的第二次婚姻。我太太是個很可愛的女人，但她看待時間的方式跟我很不同。跟我太太相比，我通常可以很快就做好準備準備出門。多年前，當我坐在車子裡面等著要出發，我發現自己愈來愈不耐煩。**她是在搞什麼，幹嘛要拖這麼久？**我愈想愈氣，累積了一堆怒氣準備好要對她破口大罵，或是發洩在油門踏板上。對我來說，這件事非黑即白。我沒錯，因為我都會準時，她有錯，因為她老是遲到。

我沒說出口的怒氣與批判塞滿了車內空間後，我們兩個人就在沉悶安靜的緊繃氣氛中開車前往目的地。

我把自己封閉起來，被自我對於「我沒錯」的堅持蒙蔽了雙眼。這份堅持中包含了我對時間、事前準備和遲到的信念。

我根本不知道跟我相比，我太太需要花多少時間才能準備好。我只需要沖澡，拿毛巾把頭髮擦乾，穿上牛仔褲和還算乾淨的襯衫，穿上鞋子，抓起鑰匙，就可以出門了。這有什麼複雜？我的自我義憤填膺。每次發生這種情況，我們兩個人都會覺得壓力很大。晚上才剛要一起出門，就有很糟糕的開端。

讓我醒悟的時刻發生於我在紐菲爾德集團學習語言本體的時候。我有機會可以把理論付諸實踐。我練習捕捉自己的情緒，以及伴隨情緒而來的、我自以為是的故事和自我的影響。我好奇地觀察我不自覺的情緒反應，藉此擺脫這些情緒反應的影響，讓我能夠更仔細地審視我未經調查的判斷。

信不信由你，透過這樣的分解方式，我才終於意識到我太太的需求、時機和模式。我開始接受她很享受淋浴以及在浴室裡面享受水療的時間，她喜歡保養自己的身體、頭髮、臉蛋，也很喜歡她的衣服和珠寶。她會為了晚上要出門約會花很多時間準備，而讓她感到舒適的模式與我的完全不同。

光是好好檢視這個平凡無奇但日常的兩難狀況，我就發現我的故事並不是真相。我的故事裡面滿是批判、偏見和假設。當我能夠見證並及時掌握會讓我生氣的因素，我就可以停止生悶氣，也可以停止爭論。

當我從自動導航模式的反應中醒過來，我們就能夠討論我們彼此的模式。我們學會欣賞彼此之間的差異，並且在沒有壓力的情況下敞開心胸討論。我們達到共識，找出一些方法來改變我們出門前的步驟，並且進行測試。我們兩個人都很希望能

準時出席活動。我要為自己的不耐煩負責，她則同意她會更注意自己的例行程序，看看自己出門需要花多少時間準備。

　　現在看起來沒什麼了不起，但我們確實需要計劃跟有意識的努力來改變我們的模式。我們兩個若要一起出門，一小時前，我太太就必須停下手邊的事去準備，我則可以在手機上玩紙牌遊戲，練鋼琴，或甚至問她有沒有什麼需要幫忙的地方，而不是一個人悶悶不樂。我們達成的新協議，有效改變了我們倆的互動。最後，我們倆準備走出門時，心情都會更放鬆。在這個簡單但強大的經驗中，我檢視自我，並且透過談話，我們倆一起消除挫折感。

○　○

　　在職場和家中的日常互動讓我們有很多材料可以應用。在接下來的章節中，我們會深入剖析自己意義建構故事的核心，並嘗試使用新的工具來處理這些故事。

練習

- 開始留意會讓你不悅的觸發因素（例如，小孩、你的老闆、你的親戚、吵雜的音樂聲、鄰居的狗、交通）。你的不耐煩、沮喪和不安全感是否有一定的模式？

- 不要責備你的自我，試著單純地觀察自我要傳達什麼資訊，跟它交朋友。這個方式非常有用，可以讓你見證這些想法，而不是盲目地接受。

- 在家中跟在職場練習自己的覺知，觀察當下發生的事情，看看有沒有哪些思維模式動不動就重複。花一點時間練習覺知後，你有沒有什麼不同的感覺？

- 你只要記下自己在某一天反覆出現的自動反應和情緒。留意你的評判和伴隨評判而來的情緒。

- 當你單純地以好奇心引導來觀察自己或他人，不帶任何批判時，你有什麼不同的感覺？

底下這個冥想練習是以內觀為基礎。這種冥想方式備受推崇，也經過充分研究：

1. 找一個舒適的坐姿，脊椎挺直。
2. 做幾次深呼吸，讓自己安頓在座位上。
3. 閉上眼睛，繼續再做幾次深呼吸。留意你的身體坐在椅子上。留意身體任何感覺——溫暖、肌肉很緊繃、肚子咕嚕咕嚕叫。
4. 慢慢把你的注意力轉移到呼吸上。選擇一個最能讓你感知到呼吸的位置——你的鼻子、肚子、胸部。
5. 把注意力放在那個位置，注意你的呼吸，自然地吸氣、吐氣。
6. 在你注意呼吸時，你也會同時開始注意到自己的思想、情緒和身體感覺。在思想、情緒和身體感覺出現時觀察它們。
7. 當你留意到自己因為思想、聲音或感覺而分心時（你的大腦正在思考，這很正常），溫柔地再把注意力拉回到你的呼吸上。
8. 持續關注你的呼吸，同時注意所有浮現又消失的思想、聲音和感覺。

情緒、事實和故事

若你沒有情感能力，

沒有自我意識，

無法管理自己痛苦的情緒，

沒有同理心，無法建立有效的人際關係，

那不論你多聰明，你都無法走得很遠。

——丹尼爾·高曼（Daniel Goleman），《EQ》（情緒智商）作者

意識到自己的故事是個好的開端，但為了要了解故事在對話中扮演什麼樣的重要角色，我們必須先調查故事是由什麼組成。

故事可以分成三個基本要素：情緒、事實和觀點。如前一章的圖片1所示，訊號傳入大腦後，大腦會先解讀、過濾，然後我們才會意識到現在發生什麼事。無論發生什麼事，我們的情緒都會反映我們的經驗，包含我們自己認定的真相、我們掌握

的事實，以及我們的觀點。我們的感官、信念與和社會結構可能會欺騙我們，讓我們只能看到、聽到和感受到與我們的故事相符的部分。我們處於自動導航模式時，我們的故事會持續不停。我們的情緒、事實和觀點都會混在一起，在腦中變得很模糊。深入研究每個要素，我們就可以將這些要素分開，並且深入了解每個要素如何影響我們的思想、行為與對話。讓我們先從情緒談起。

情緒

想法和故事 —— 不管正面或負面 —— 都會讓我們產生情緒反應。我們的故事會決定我們會感到快樂或悲傷、放鬆或焦慮、頭腦清楚還是疑惑。生活中的一切都很積極、輕鬆自在又美好時，我們會感到怡然自得、愛和心滿意足。但是當生活中發生的情況不符合我們的故事和期望時，我們就可以從情緒看出思考和判斷模式被打亂了。生活脫離常軌時，我們就很容易感覺不悅、憤怒或沮喪，也因此感到壓力很大，感覺情緒低落。無論我們感受到的情緒是受傷的淚水或笑中帶淚，情緒本身都不是結果。

普魯斯特（Marcel Proust）說得很好：「我們的情緒是思想的地質隆起。」（"Our emotions are geologic upheavals of thought."，參見圖片2）情緒不是無辜、原始的反應。我們對善

惡、對錯、公平正義的信念都以情緒的形式呈現。其實,我們
的情緒不會驅動我們的思想;相反的,是思想驅動情緒。當你
感到情緒不穩時,就代表你該花一點時間來檢視自己的思想和
故事造成什麼影響。

圖片 2:情緒會反映我們的故事

清楚了解身體有什麼樣的感受,稱為內部感受
(interception),例如你感到心跳加速、肚子咕嚕咕嚕叫、身
體發冷或肌肉緊繃。內部感受是一種內部過程,可以幫助我們
體驗這些感受,通常大家都把它稱為第六感。我們勤奮工作
的大腦正在努力工作,從內部器官、皮膚和眼睛收集數據,
並透過身體傳送化學信號。因此我們可以自問,**我現在有什
麼感覺**?只有我們才能見證自己的感受。我們覺得心情不好的
時候,我們的身體感受就是心煩意亂的第一個徵兆,而我們應
該要注意這些徵兆。不要忽視這些感受或置之不理。我們的感
受、情緒和深藏的想法會有意識和無意識地透過眼睛、皮膚、
音調和肢體語言表達出來。胸口很緊繃、滿臉通紅、眼眶含

淚，都提醒著我們應該要來調查一下自己我們的故事。

在對話中，對自己的內部感受和情緒反應保持覺知，會大大影響我們自我調節、維持心理健康和社交關係的能力。內部感受和情緒覺知也會對我們的對話帶來重大影響。

第1章介紹的冥想練習可以輔助我們學習如何觀察自己的想法和故事。

引述麗莎‧費德曼‧巴瑞特（Lisa Feldman Barrett）在《情緒跟你以為的不一樣──科學證據揭露喜怒哀樂如何生成》一書中說過的話：

> 簡單說，我們發現你的情緒不是天生內建，而是由更基本的部分產生的。它們不是舉世皆然，而是因文化而異。它們不是被觸發的，而是由你製造的。情緒出自這樣的組合：你的生理特徵、將自己串連到它所屬的任何環境的靈活大腦，以及提供那個環境的你的文化和教養。情緒是真實的，但不是像分子或神經元那種客觀意義的真實，它們是像金錢那樣的現實（reality），也就是，情緒是人類共識的產物。

我們的情緒調色板上涵蓋各種範疇，從恐懼到愛都有。而每個人思考與反應的方式都不同。有些人的心智對外界超級敏感，也會做出相對應的反應。其他人對外部刺激就沒那麼敏感，反應也不會那麼快。意識到自己有多敏感，可以幫助我們了解自己的反應，指引我們如何與外界互動。

　　不知道你有沒有在科學展覽中看到像漏斗的溜滑梯？你如果把一枚硬幣沿著漏斗的邊緣滾下去，硬幣滾動的速度會愈來愈快，滾到底部時，速度會快到完全看不清楚，變成閃亮但模糊的一團。這剛好可以用來形容我們廣泛的情緒體驗。碰到很多事件，或跟很多人互動時，我們可以像在漏斗上方一樣，維持冷靜，感覺態度積極、心胸開放和寬容。但是，當你因為各種不同原因感到害怕，也許是擔心惡劣的天氣會把這一天搞砸，或擔心自己會丟掉飯碗，你的害怕就會帶著沮喪、壓力和憤怒，開始以螺旋狀往下不斷滑動。我們順著螺旋往下滑動的同時，思緒會愈來愈模糊，導致我們無法思慮周全地觀察、思考或反應。在最底部，一切看來如此消極、充滿問題。身處在螺旋底部給了我們明確的信號。碰到這種時候，我們應該要檢視身體的內部感受，審視可能讓我們產生負面情緒的想法與恐懼。

　　不過，恐懼並不一定都是壞事。人類有很多根深蒂固的模式都是為了生存產生的必要內在感受反應。因為恐懼，人類的祖先會逃跑，以避免被什麼長牙動物吃掉，這種恐懼可以救命。很多時候，生存本能讓我們可以遠離麻煩。有卡車迎面衝過來的時候，我們會往旁邊跳開。我們也會留心注意可能會導致我們丟掉工作或失去家園的警訊。如果因為忘記繳交電費，導致家裡沒電可用，我們會立刻帶著帳單開車到電力公司辦公室繳費。不過，大腦中保護我們避開真正危險的部分也可能會放大想像中的威脅，致使我們過度活躍的大腦憂心忡忡、反應過度。

　　我的漏斗圖畫起來會像這樣：在螺旋的頂端是愛，以擴展的形式融入理解、同情與和平。在螺旋最底端則是恐懼，包含壓力和負面情緒（見圖片3）。我們每天感受到的各種情緒都介於這兩種極端之間。我認為螺旋的兩端是「輕鬆/開放」vs「沉重/收斂」。在愛到恐懼的光譜上，會有許多對立的情緒在螺旋頂端和底端出現（例如，同情vs譴責、謙虛vs自大、好奇心vs防衛心）。

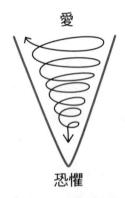

圖片 3：情緒螺旋

　　當我們的感受與身體都提醒自己要注意的時候，這張簡單的圖可以讓我們審視一下自己現在的情緒處在漏斗的哪個位置。

　　當我們發現自己的情緒正在往下旋轉時，便可以在那一刻清醒過來，覺知到自己的反應模式，留意自己處在螺旋的哪個位置。此刻的我是否正感到沮喪和生氣？他說的話讓我感到憂

心。藉由練習，我們會成為更好的觀察者，時日一久，我們就可以慢慢改變無益的反應模式。我們的肢體反應，例如肌肉收縮，壓力荷爾蒙激增的情況會逐漸減少，自己感到震驚或忽然暴跳如雷的傾向也會減少。我對妻子感到不耐煩的故事就說明了我如何察覺自己的情緒正在往漏斗下面滑動。我被我們的慣性觸動，情緒反覆不斷滑向漏斗底部，主要是因為我擔心會遲到。我對妻子感到不耐煩，愈來愈生氣，壓力也愈來愈大。當我花時間反思自己的情緒反應，我覺察到自己的身體很緊繃，發現自己正想著指責他人，也意識到我得重新思考自己的反應模式。

當我們處於情緒螺旋中，若能留意到自己的情緒，就會對我們如何與他人互動帶來很大的影響，讓我們能夠更妥善管理、改變自己的情緒和想法，藉此讓我們可以慢慢在情緒漏斗內向上爬。我們原本可能會覺得「這女人實在太過份」，或「讓這個白痴主導，我們一輩子都不可能在期限前完成」。但現在的我們會變得更關注、更敏銳，對他人的批判會減少，也會對他人多一點同理心。

我們的情緒反應像邀請函，邀請我們好好檢視此刻的現實狀況。我在想像什麼或編造什麼故事？我現在有什麼感覺？我做了哪些假設？事實是什麼？什麼才是真的？

接下來，我們就來看看事實和故事。

練習

- 練習注意到自己的情緒現在是在螺旋上往上或下滑。

- 檢視隱藏在自己反應背後的是什麼樣的恐懼（是小小的顧慮還是憂心忡忡）。

- 留意自己的故事伴隨什麼樣的感受和情緒。對你來說，有沒有某些情緒特別常出現？

- 當你覺得自己正在從螺旋中滑下來或向上爬時，會伴隨什麼樣的感覺和情緒？

不爭的事實

先確認事實，你就能隨心所欲地扭曲事實。

——馬克‧吐溫（Mark Twain）

　　爲了持續解構和調查我們的故事，我們必須先關注事實。在故事的世界裡，事實是受到歡迎的穩定元素——也是故事的厚實基礎。在理智的世界中，事實無可爭辯。但我們的故事卻經常會欺騙我們，因爲事實可能會以讓人不安的方式浮現，讓我們無法或不願接受。

　　若你想看看自己不願意尊重事實的證據，只需要看看過去幾年間，政壇上有許多事實不斷遭受攻擊的現象就好。「另類事實」實際上並不存在。我們看到太多人選擇符合自己想法的事實來證明自己執著的故事，將不支持自己立場的事實棄於一旁。事實對公民社會和民主來說至關重要，但是語言和故事的力量很強大，在語言或故事遭到濫用，製造不穩定時，我們很容易會受到影響。

　　事實來於我們共享的人類天賦。在大部分的情況下，人類會以相同的方式覺察客觀的世界（少數例外包含色盲或有感知障礙的人）。我們擁有人類的視覺，而不是老鷹的視覺。我們擁有人類的嗅覺神經，而不是狗的嗅覺神經。我們聽力的頻率範圍是64到23,000赫茲，而海豚可以聽到75到150,000赫茲的聲

音。我們有限但共享的感知範圍讓我們在談到很吵vs安靜、黑vs白、固體vs液體、上vs下、臭味vs香味等方面時，能達成一致的觀點。

透過人類共享的社會結構，我們會衡量、記錄、分類、宣告哪些事物為事實，並給予這些事物客觀真理的標籤。但是，即使是這些共享的真理也有可能會變動。我們在任何時刻相信的真理都有可能會因為新的事實遭到推翻。科學和工程領域的新發現會揭露新的事實。幾世紀以來，許多文化都有地平說的迷思，也認定地球是宇宙的中心。哥白尼以太陽為中心的宇宙學模型開始打破這個迷思。伽利略的宇宙觀測證明地球與其他行星會繞著太陽轉。同理，幾個世紀前被認為是不治之症的疾病，在當今醫學的發展下，現在已經可以治癒。十八世紀末，艾碧蓋兒‧亞當斯（按：Abigail Adams，美國開國元勳約翰‧亞當斯之妻）率先採用還很原始的天花疫苗，因此救了自己孩子的性命。

表面上，事實和真相看似簡單又理所當然，但二者經常被拿來做為武器，也常常會被拿來辯論。我們進行有意識對話的能力仰賴事實無從爭辯、等同於常識的意義，而這樣的意義則需要以可記錄的經驗和觀察做為基礎。儘管我們對真理的理解可能會因為宗教信仰或靈性而有所不同，但所有人共享的現實是有意義對話的關鍵要素。面對那些喜歡不斷辨稱「我的真相」和「你的真相」處於不同現實狀態的人，事實提供的厚實基礎是最好的解方。沒有事實做為基礎，我們的感受、故事和

觀點就會不切實際，也沒有共同的現實，讓我們難以分辨是非善惡。

儘管我們的歷史、經歷和對世界的看法各有不同，但為了談話，事實就是事實。碰到爆胎、老闆欺負人、不平等、種族主義、厭女症和氣候變遷等現實，還想爭辯，就得完全無視事實，並宣稱自己的觀點和故事才是事實。

當我們的故事跟現實相互衝突時，事實就成為解方。我們的故事說我們配得上這份工作，但——忽然間！——我們遭到公司解雇。我們認為自己可以在聚會上玩得很開心，但卻因為跟另一半吵架，心情低落到不行。我們以為自己十幾歲的孩子會做出對的選擇，但孩子卻在半夜打電話來，說他們剛剛因為酒駕遭到逮捕。

有時候，人生的發展會不符理想或預期。在生活不順遂的時候，我們會覺得無法接受，會想逃避現實，但最後就會被迫要與現實作戰。沒有人能贏過現實。

我們發現自己無法相信，無法看清現實，只能從自己故事的狹隘視角看待這個世界。我們會自問，**他們怎麼會這麼蠢？或事情怎麼會變成這樣？**在心態上，我們不願接受、憤憤不平（見圖片4）。**人生不應如此。**我因為我太太拖到時間，感到不悅，讓我們兩個有好幾個小時都很不愉快。當我的憤怒和緊張不斷在我的身體裡面累積，我在不自覺間陷入怨懟的情緒。我們連話都不說，各自悶悶不樂。

當我們能發覺自己正在從情緒漏斗中的某一點向下，往

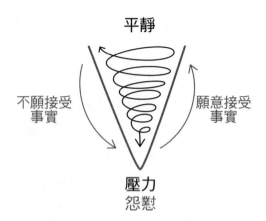

圖片 4：平靜 vs 怨懟的螺旋

壓力的方向滑，我們就可以及時深吸一口氣，放慢腳步，認清事實。以我的案例來說，我滿腦子想著會遲到，導致自己感覺被困住，壓力超大。我發現幾個事實：我很生氣，但我太太沒有；我對遲到的觀念和她大相逕庭；我只需要十分鐘就可以出門，但我太太需要更多時間。另一個證據是，我的不悅會一直在我們倆之間造成不必要的緊張。

有勇氣接受讓我們感到不悅的事實，並不代表我們就會喜歡或贊成這些事實。我還是可以繼續討厭遲到，但是當我和我太太坐下來好好討論並接受我們之間的分歧，我們找到了雙贏的解決方案。但是，碰到像槍支管制、難民、節育、教育和稅收等重要議題時，當事實與我們的故事不符時，會讓人感到非常不安和沮喪。我們深刻依賴自己的故事以及堅定的觀點，使

我們很難從無法接受事實轉變爲願意接受。我們若能夠接受事實的原本樣貌，我們的生活就會比較平靜。

我們在對話中的行爲也是事實。我們說出口的話語、反應、肢體語言和聲音都是已成定局的事實。當我們口是心非、挑釁他人、大發脾氣，對孩子大吼大叫，或撒謊，我們都得面對這樣的事實。我們所做的一切都可以記錄、難以忘懷，也可確認。

官方、領袖、家長、神父和老師告訴我們的故事，會對我們的思想和信念產生重大影響。我們天眞地接收採納他們支持的觀點，認爲這些觀點就是事實。

成長過程中，我如果在地下室幫祖父剝鹿皮時吐出來，我爸會說：「吐什麼吐，像個男子漢！」祖父則會告誡我說：「你還不像個男人！」我弟弟直到我九歲才出生，在此之前，我是跟三名姊姊一起長大。就像那個時代的許多家庭一樣，我姊姊可以表現出他們的情緒，但我應該要「像個男人」。我也得忍受這一切。在1950年代，男性被教導要隱藏自己的情緒。「男孩不會哭。」「不要表現出自己的感受。」「當個男人。」——當時的男性，從出生就一直聽到這類的教條。我在經歷多年痛苦的經驗後忽然頓悟，意識到這種社會建構的觀念會帶來多大的創傷。很可悲的是，時至今日，世界許多角落仍然有這樣的作法，也讓很多男性爲了展現男子氣概而有不當的行爲。

在我的心靈深處，我一直都無法接受這樣的概念。我把很

多情緒壓抑下來。心煩意亂時，就一個人跑回我的房間。這不公平。當時的我不知道，我沒有辦法制定這些規則。但男性權威的言論對年輕男性來說會帶來重大的影響。多年來，我在不知不覺之間接受了我沒有男子氣概的故事。這個故事對我的人際關係、職業生涯和自尊產生長期的影響。

這個故事對我下了魔咒，讓我陷入自我懷疑的漩渦。最後，在我的學習過程中，我開始從事實開始調查這個故事。我身高180公分，體重82公斤。我曾經是成功的專業音樂人士，成為建築師的第二春也有很好的發展。我熱愛，也支持我老婆，跟我兩個很棒的兒子。我有著愛我的好朋友和兄弟姐妹。我的福氣與成就清單不勝枚舉。在找出這些事實之後，我的故事開始崩解。我緩慢但堅定地意識到，我不夠堅強的故事不是我的真相。在接受事實後，我也因此消除一個有毒的故事。

每個人都曾經犯下原本可以避免的錯誤、因為嚴重誤會感到壓力很大，也曾經相信未以事實為基礎的假設和太早做出的結論。我們都曾經見過富有影響力的領導人罔顧事實，盲目採取行動。或失和的家庭最後因為財務問題而陷入訴訟。或國家領導人太過自負自戀，不願接受事實而發動戰爭。

事實與我們的世界觀相互矛盾的程度，可能會讓我們覺得要承認和接受事實非常不容易。在發現自己不願面對的真相時，我們要有勇氣才能繼續探索下去。我們被觸發的反應可能會讓我們感到情緒激動，但藉著反思不會欺騙我們的事實，我們可以慢慢讓自己往情緒漏斗的上方走。讓事實浮現並接受，

讓我們能準備好探索故事的另一個元素：我們珍視的觀點。

練習

- 一天當中有哪些事件會讓你感到情緒低落或激動？身體發出什麼樣的內部感受信號 —— 也許腹部或肩膀緊繃、臉紅耳赤、口乾舌燥？

- 在碰到情況時，有哪些基本事實是不容質疑的？這些事實跟你的期待一致嗎？

- 你在害怕什麼？有沒有什麼事實可以消除你的恐懼？面對眼前這個情況，你是否錯過任何事實？

- 若是碰到對立爭執的情況/對話，你是否能找出讓雙方都能同意的事實？

- 留意自己承認並接受事實後，有什麼不同的感受？

觀點和私下對話

很多人都認爲自己在思考，
但他們只是在重新整理自己的偏見。
——威廉・詹姆斯（William James），
美國哲學家、心理學家

在處理自己的情緒並且面對事實之後，我們就打開了潘多拉的觀點盒。如神話所描述，觀點（opinion）的世界充滿福禍相倚——觀點是福，因爲我們的信念和判斷會幫助我們評估人生，引領方向；觀點是禍，因爲我們會無意識地認同這些觀點和結論。無論是福是禍，我們的情緒、言論和行爲都會反映我們的觀點。講故事的對話會熱愛觀點。假如每個人詮釋事實，以及賦予意義的方式都一模一樣，生活會有多乏味？

沒有個人的詮釋和怪癖，我們會感到困惑、無所適從。在對話中，觀點扮演的角色比事實更重要，而且在對話中，二

者扮演的角色常常會愈來愈明顯。厚實的事實基礎可以支持觀點，但我們不該把主觀觀點與事實混淆。領導者對某個產品設計（例如功能更好的電池）的期待與要求，可能會偏離工程師根據物理學可以設計出來的東西。董事會成員針對企業六個月的財務策略提出的觀點，可能與財務長的預測不同。又或者，我朋友為了維繫感情不顧一切，可能會讓他無視自己另一半偷情的現實。

我們的觀點根深蒂固，所以我們要一個一個拆解開，找到其中的福，避開帶來的禍。我們第一次誠實面對自己的觀點時，可能會感到不適跟驚訝。我們會發現強烈、強勢但從未說出口的想法，像是：**這個人到底為什麼這麼固執？按他這樣的決定，計畫大概永遠都無法順利進行！她為了阻止我使用社群媒體真的已經發瘋了。**

出生後，我們毫不費力地從父母、老師、朋友和文化中學習是非對錯、好壞、可能與不可能、可怕與平靜。我們的身份認同過於仰賴我們的觀點，讓我們很容易會忘記觀點的本質結合了假設、關心、判斷和標準。觀點讓我們覺得很自在，但若不留意，觀點會成為造成多數誤解和溝通不良的根本原因。

可以預見的是，善於為我們捍衛立場的自我很喜歡湊一腳。碰到會讓我們有深刻情緒的問題，他人若挑戰我們的觀點，我們很容易動不動就生氣。**我才是對的，但他們就是不明白。**所謂的「驗證性偏誤」（confirmation bias）指的是為自己的立場辯護，尋求與詮釋可以支持我們信念的資訊，或扭曲資

訊來維護我們的立場。被偏見蒙蔽雙眼的我們，會尋找與我們的立場一致的朋友和同事，迴避與我們觀點背道而馳的人——這會讓你覺得很自在，但卻不是勇敢的表現。我們的大腦會傳送壓力反應信號來做出反應，讓我們更批判、更負面。這樣的想法很吵雜、很混亂，如果我們完全不管，這些想法會愈來愈麻煩，最後會讓我們反覆不斷有相同的想法。

　　為了避免陷入情緒的循環，我們必須練習見證自己的思想。身為中立觀察者時，我們就有很大的機會可以擺脫這些想法，並且思考自己到底在想什麼。我們留意到自己的情緒反應，覺察到自己潛在的想法，尋找事實，在情緒螺旋中往上爬，並做一些調查，試圖改變自己直覺反應的無益模式。

私下對話

> 隱匿在我們身後的自我——
> 最有可能會讓我們大吃一驚。
> ——艾蜜莉・迪金森（Emily Dickson）

　　這項工作牽涉到事實、情緒和觀點，也要求我們要正視一個人類自古以來就一直困擾不已的心智現象：我們沒有說出口的私下對話（private conversation），我在前幾章將之稱為「委

員會」。私下對話是我們在開會、走在街上、在車子裡面聽音樂或跟同事說她做得很好時，內心真正的想法和感受。伊森·克羅斯（Ethan Kross）在《強大內心的自我對話習慣》一書中，以行為和大腦研究，解釋我們內心的自我對話會如何對人際關係造成壓力、影響健康，讓對話失敗。

我們內心的對話非常勤勞、動作迅速，而且會讓人迷失方向。身為我們故事中不發言的參與者，委員會有很多東西要教我們。而且，由於委員會跟我們的想法密不可分，他們的言論一方面符合我們的喜好，但另一方面也是痛苦的來源。我們的內心對話可以幫助我們解決棘手的問題，把困擾我們的事情講出口，或正向積極的激勵我們，促使我們採取行動。

但是，內心的謾罵也會讓我們滑落恐懼、懷疑、不斷壓抑累積的怒氣、怨懟以及源源不絕的責備和羞愧中。就是因為這個原因，大部分的時間，我們會忽略這些內心的謾罵，將之拒於門外，或者詛咒它們。委員會是我們無意識間產生的觀點，所以可以肆無忌憚，成為位居主導地位，讓人麻痺的聲音。一旦被激怒、感受到壓力或產生情緒反應，委員會喜歡仔細審視、批判、指責，也喜歡迴避衝突，同時善於回想過去的遺憾跟顧慮未來的發展。在我們跟老闆、同事或孩子談話時，我們覺得自己態度冷靜，但內心的私下對話卻正忙著創作負面消極、未受管控的故事。

最近，我有一位名叫克莉斯蒂娜的客戶，開始讓她興奮的新職位，是擔任一項重大新計劃的專案協調員。她剛開始這份

新工作時，計劃主導人，同時也是克莉斯蒂娜的主管瑞希姆認為她應該要跟人資（HR）團隊合作。他認為人資應該要成為合作夥伴，因為計劃施行後，擁有者會是人資。對克莉斯蒂娜來說，這不是好消息。幾年前，她曾經跟當時的主管，人力資源副總裁艾格妮絲有過一次不太愉快的交手經驗（說來話長）。克莉斯蒂娜很清楚，艾格妮絲一定會想辦法讓瑞希姆聽到克莉斯蒂娜的舊八卦。在計畫啟動的第一次會議後幾天，我與克莉斯蒂娜談話。她淚流滿面，非常擔心艾格妮絲會在可預見的未來搶走她的工作跟事業。她在會議上竭盡心力要有專業的表現，但同時間，她內心的對話愈來愈失控。*這個女人為什麼不能忘掉過去？我不敢相信這個壞女人一點機會都不給我。我完蛋了。她一定會把我這個大好機會搞砸。好好好，閉嘴，你的想法和點子就留給你自己。我只是希望她可以遠離我的生活。* 在那次會議後，克莉斯蒂娜開始重新懷疑自己。*我應該開口表達意見嗎？如果她跟瑞希姆說她很難跟我共事，我要怎麼辦？*

對她來說，一切都很負面。她滿腦子都想著過去的擔憂，以及跟艾格妮絲之間的問題。我們先找出一些事件和事實來對抗她的情緒反應。在艾格妮絲不再擔任她的主管後，克里斯蒂娜找人指導她，致力於改善她的領導溝通風格，努力要與同事和其他人合作。她對自己為了改善溝通方式所做的努力，以及改善後帶來的成功感到自豪。而且她最近才因為幫助一位陷入困境的副總裁，獲得非常好的回饋。這些事實與她內心的私下對話完全不同，讓她平靜下來。我們也仔細討論目前的情況

下，她可以做什麼，又不能做什麼。克莉斯蒂娜可以練習在大腦直接反應前，先抓住會觸發的因子。到最後，這樣的作法讓她有足夠的時間可以注意到自己的狀況，阻止自己情緒低落。她也可以重新將專注力放在計畫上，在未來的會議努力與他人合作。她沒辦法改變艾格妮絲，也無法改善過去，但她可以改變會讓她有負面思想的觸發因子。重新找到自己的重心後，她跟瑞希姆分享困擾她很久的舊八卦，也跟他保證她會努力成為優秀的領導者。她也請瑞希姆幫忙，若他留意到她的溝通方式證實舊八卦確有道理或讓他擔心，請跟她提出意見。我們花了一個小時，讓她內心的私下對話浮出水面，給她時間反思，重新思考，就足以讓她恢復理智，恢復自信。

調查我們的觀點，會揭露內心私下對話（委員會）和公開對話（真的大聲說出口的對話）之間的差距。我們的公開對話是可觀察、可記錄的事實。如果老闆問：「你打算怎麼管理這筆新預算？」或你未來的岳父問你：「你打算怎麼照顧我女兒？」攝影機可以捕捉話語、語氣和肢體語言。因此，說出口的話是實際發生的事件，即使當中充滿假設和判斷。無論另一方如何接受或解釋，都無法否認——所以說出口的話很重要。

同時間，我們的內心也默默地由潛意識處理資料、自動出現假設、浮現深層的想法和伴隨的感受。當內心的對話變成無謂的謾罵時，對我們就幾乎一定有害。儘管沒有說出口，儘管看起來是私下的對話，而且常常是大腦無意識的對話，但這些對話很少會隱藏起來。不管你喜不喜歡，我們內心的對話會在

眾目睽睽之下，透過語氣和肢體語言表現出來，所有人都能看到。身體不會說謊。

假設你想盡可能很有自信地告訴老闆預算執行狀況良好。你說話的時候，腦子裡面正在想，*他的決定帶來一大堆麻煩，但我現在不能告訴他——他一定會氣爆！*又或者，你正和你未來的岳父聊天，他要求你要保護他的女兒，讓她不要經歷人生的波折，你的回應是：「當然，我會全心全力好好照顧你女兒。」說出這句話的同時，你腦子裡面可能會想，「*這傢伙不相信我！我很好奇他期待看到什麼？*」

在特定工作情況下，我們可能會想「*讓我出去，我不喜歡你，也不喜歡你超愚蠢的想法*」，但我們可能會說：「當然，我很樂意和你談談這個計畫。」或者我們可能會想，「*你好迷人，我真的很想好好認識你，*」但我們可能會迴避眼神交流，開口說：「我也很高興見到你。」私底下的對話會讓我們跟他人的互動短路。他們可以自給自足，產生恐懼的情緒，讓我們沿著情緒漏斗向下旋轉。私底下的對話阻止我們在清晨跟自己所愛的人親吻告別，讓我們沒辦法維持自己的時程，讓我們無法在重要的會議場合專注，或是在凌晨三點讓我們因為擔憂驚醒。

探索我們的私下對話和公開對話，試圖縮小二者之間的差距，可能會令你感到恐懼，但最後會讓你感覺自己得到解放。這麼做對你個人、對你的人際關係，都非常有益。我們不會被困在重重的痛苦不安中，取而代之的是讓我們可以從自動導航的狀態

中清醒過來，及時掌握會引發負面情緒的觸發因子，在情緒漏斗中往上爬，改變思維，承擔起責任改變對話。

這是我的理論：我們私下的負面談話和說出口的公開對話之間的差距愈大，我們承受的壓力就愈大。要改變我們的對話方式，最重要的就是要縮小私下和公開對話之間的差距。我們的私下對話很開心地在背景進行，完全不見天日，但卻會帶來不必要的壓力和障礙。當我們留意到私下對話的存在，我們似乎只有兩個選擇：透過大聲說出口，把它們從黑暗中拉出來，或者壓住，讓它們留在暗處。

有時候，我們會很想不要再管什麼該死的禮貌，希望能把自己的想法說出口。*如果直接跟他們說我的想法，會比較誠實一點*。這種衝動常常會伴隨著自我感覺良好，會讓你身體有種解放感——例如，*哦，天啊，早知道就放手一搏！*但若是碰到很困難的對話，我們會感到焦慮或生氣，若是真的把私底下的想法脫口而出，我們可能會在數小時後，為自己釋放情緒感到後悔。把我們充滿情緒的負面內心想法直接說出口會限制、而且可能會帶來嚴重的後果。在大多數的情況下，把內心的私下對話說出口，可能會破壞工作和家庭的關係，而且通常無法幫助我們實現目標。

另一種管理內心想法的反應是把它們全部壓下去。我們會有意識或無意識地抱著這些想法，安安靜靜地維持自己堅強的面具。壓抑下去後，這些內在的想法會不斷累積，對我們的身體造成傷害，導致肌肉緊繃、頭痛、高血壓和其他身體疾病。

有害的想法不會像魔法般忽然間崩解，時日一久，這些想法會達到沸點，在你意料不到的時間脫口而出。我們都聽過有人會莫名其妙地忽然暴怒。這樣的人平常看起來是很好、很安靜的鄰居，從來不會打擾任何人。如此壓抑跟直接說出想法相比，也沒有比較好。二者都會帶來嚴重的後果。但是，如果脫口而出或壓抑自己的有害想法都有很高的風險，那麼我們還剩下什麼選擇？

曾任教於哈佛商學院的克里斯・阿吉里斯（Chris Argyris）開發出一個很有用的練習，名為「左欄」（left-hand column）。用這個簡單但強而有力的方式，就可以在對話中揭露我們私下的想法。這個練習邀請參與者記錄最近一次讓自己有情緒起伏的對話。可能是讓他們感到不解、沮喪、困惑、生氣或消極的對話。或是讓他們很怕自己很快就要面對的對話。當你愈怕有這樣的對話，你從中學習的潛力就愈大。善待自己，要記住你可能並未有意識地選擇你的思維模式，或是你一直抱持的觀點。

要進行左欄練習時，請拿一張紙，在紙的中間從上而下畫一條直線。從右欄開始寫，挑選某個讓你覺得備感壓力的對話，盡可能寫下逐字記錄——「我說：……」「她說：……」，彷彿真的有人把這段對話記錄下來。你正在記錄雙方說出口的話和有關這段對話的事實。要達到最好的效果，建議要寫出四到六段雙方情緒化的對話內容。

接著在左欄，寫下你看到右欄的這些字句後，有什麼樣的

想法和感受。把所有想法和感受都寫下來 —— 不要試圖編輯。包括討人厭的想法 —— 你的咒罵、批判、心胸狹窄的輕蔑。所有的想法。我知道這聽起來很糟，但把這些從你的腦海中拉出來寫在紙上，可以幫助你對抗腦中的雜音，對抗自我的防衛。一方面可以揭露你的想法，另一方面也可以讓你得到解放。

○ ○

安東尼奧是一家大型博物館的財務長，他妹妹珍則是一位全職媽媽。他們兩個在電話上討論要怎麼為84歲的老母親提供最好的照護。媽媽現在身體不太好，但仍然獨立生活。他們兩個一直因為相同的爭論點爭執不下，對話沒什麼進展。他們兩個各有各的故事，也有很多負面的私下想法。談話的結果總是讓安東尼奧因為珍感到不安和沮喪。他來找我協助的時候，同意要試試左欄練習。安東尼奧坐下來，盡可能以最誠實的方式寫下他們兩個的談話內容（見後列表格）。

首先，在右欄中，他寫下兩人實際說了什麼話。兩人的對話聽起來稀鬆平常。表面上，兩個人都很冷靜，相互尊重，也很理性。但如果我們能在兩人對話時觀察他們，他們的肢體語言呈現的樣貌會迥然不同。他們兩個人看起來都很煩惱，壓力很大。安東尼奧和珍無法跟彼此分享他們內在激動的想法，只是在心裡不斷累積怒火。

你的想法和感受	你跟對方說出口的話
	珍： 「你下週可以來幫媽媽一下嗎？」
	安東尼奧： 「我不知道下週有沒有辦法三天都來照顧媽媽。」
	珍： 「我知道你很忙，但我覺得媽媽需要有人陪她。」
	安東尼奧： 「孩子們下週要上學嗎？妳能不能去陪媽媽？這樣我比較有辦法安排。也許我可以陪她一天。」
	珍： 「我再想辦法。也許我該開始登廣告找人幫忙。」
	安東尼奧： 「但我覺得媽媽還不需要找人全職看護。」
	珍： 「我們之後再談吧。我得先帶媽媽去買東西。」

現在安東尼奧小心翼翼地開始進行練習的第二部分：寫下他在雙方對話時，心裡的想法和感受。以下是安東尼奧內心的想法和感受，旁邊是他和珍在右欄中說出口的話。

安東尼奧的左欄：

你的想法和感受	你跟對方說出口的話
安東尼奧： 哦，又來這一套！珍的長篇大論。	珍： 「你下週可以來幫媽媽一下嗎？」
安東尼奧： 她根本不知道我真的不可能請一個星期的假去陪老媽。她空閒時間那麼多。	安東尼奧： 「我不知道下週有沒有辦法三天都來照顧媽媽。」
安東尼奧： 我真不敢相信妳居然會指望我要照顧媽媽一整週，我的專案會泡湯耶！	珍： 「我知道你很忙，但我覺得媽媽需要有人陪她。」
安東尼奧： 妳到底知不知道我有多忙！妳就是更閒。妳家小孩整天都在學校，妳又不用工作。妳就是太閒，才會整天想著要照顧老媽。	安東尼奧： 「孩子們下週要上學嗎？妳能不能去陪媽媽？這樣我比較有辦法安排。也許我可以陪她一天。」
安東尼奧： 對啦對啦。又來了。找人幫忙會把老媽手頭剩下的一點錢都花光耶。	珍： 「我再想辦法。也許我該開始登廣告找人幫忙。」
安東尼奧： 妳真的沒有搞清楚狀況。妳老是強調目前是緊急情況。	安東尼奧： 「但我覺得媽媽還不需要找人全職看護。」
安東尼奧： 如果妳不要像個控制狂，我們就可以找出解決辦法。	珍： 「我們之後再談吧。我得先帶媽媽去買東西。」

對安東尼奧來說，看到他內心的想法擺在說出口的言論旁邊，帶給他很大的啟示。對大多數人來說，看到白紙黑字上寫著我們的負面批判和故事，會讓我們感到震驚和不安。我前面有沒有提到這個練習最重要的是要寫下來？

我們可能會聽到自己詛咒、批判、怪罪和羞辱他人，但是當我們真的鼓起勇氣，深入了解腦中在想什麼，我們就可以改變自己的思維，也改變我們與同事、家人和朋友之間的對話。我們不需要把這些想法全部脫口而出，或壓抑在心中。下一章會教大家如何藉助四個原型問題，來處理和轉換這些想法。

練習

- 開始注意你腦海中的委員會提出的各種評論。
- 留意你聆聽對方講話時，委員會在聊什麼。
- 在跟他人談話時，依據自己私下對話的情緒強度，記錄你感受到的輕鬆或緊張感。
- 選擇某個讓你產生情緒反應，讓你備感壓力或讓你失望的對話。在紙上做左欄練習。

    1. 在紙的右邊，據實寫下你和對方說的話（四到五句對話）。把你們之間說的每句話都寫下來，像逐字稿。
    2. 在紙的左邊，寫下你開口說話時，以及對方說話時，你內心的想法和感受。
    3. 用好奇心來看待，不要批判你內心私密的想法。

消化我們的觀點

今天我擺脫焦慮。
或者該説是我將焦慮放置一旁，
因爲焦慮在我體內，
來自我自己的感知——而不是來自外界。
——馬可·奧理略（Marcus Aurelius）

本章會介紹四個原型問題，幫助我們解構自己的觀點。這四個問題中的任一問題或組合都可以幫助我們發掘深藏於內心的感受和想法。在這整本書中，這四個問題會成爲幫助我們改變四類對話的指南。

我們可以用提煉石化產品的過程來比喻消化私下對話的過程。石化產品是由原油和其他由動植物遺骸形成的液體製作而成的產品，原油和動植物遺骸承受數百萬年的高溫和壓力，時間甚至早於恐龍主導地球之前。未經加工的原油有毒且有害，但提煉

過後，就可轉化爲各種產品，從燃料到合成紡織品都有。

　　石油是不可再生的資源，但我們內心的私下對話卻永遠不會消失殆盡。另一方面，跟石油很像的一點是，我們的觀點和內心的消極想法也有毒。這些觀點跟想法會佔據我們的大腦、阻礙我們的對話。幸好，跟石油一樣，我們也可以處理內心的消極對話，處理後會有驚人的用處。不過，我們得常常練習才能辦到。

　　爲了獲得這些好處，我們必須以好奇的心態見證我們內心的對話，讓自己跟這些思想脫勾，並且以開放態度的接受過程中可能會浮現的一切。我們私底下的思想充滿了顧慮、夢想、批判和權力問題。

　　我們的觀點主要由四個要素構成（見圖片5）。我們可以問四個原型問題，來處理自己內心的私下對話。

圖片 5：觀點的四個要素

1. 我有什麼渴望？

在對話中，我們的渴望會潛伏在思想底下。我們往往不會注意到渴望是如何影響我們的觀點和判斷。渴望可能是很大的盲點，將我們困在無效的對話中。在情緒起伏或被觸發時，我們可以自問這些問題：*我在這個情況下想要獲得什麼？我有什麼目標？我是不是太過執著要看到某個特定的結果？*這些問題會揭露我們私下的想法與現實之間的差距。當我的渴望與現實不合時，我就會受苦。

2. 我有什麼顧慮？

在與他人合作，又面臨很棘手的問題時，我們都會擔心未來可能會發生的事情。要正視你對未來的擔憂，請提出這些問題：*我在顧慮什麼？是什麼原因讓我徹夜難眠？*你或許是擔心會出錯，或只是單純地不希望明天的情況跟今天一樣。我們潛意識的顧慮會觸發情緒，也會帶來壓力。我發現，我如果記得要分享我的顧慮，對話的能量就會發生變化。其他人不能對我的顧慮置之不理，而這樣的坦誠也為他們創造了安全的空間，可以表達自己的顧慮。

3. 有哪些權力問題？

在對話中，與權威有關的問題無所不在。無論你是領導人、同事、老師、父母或朋友，權威和控制的問題總會在你有意識或無意識的情況下出現。人類建立的階級制度

賦予法官、牧師、教師、政府官員、專家等不同型態的權力。讓人有權力可以制定商業決策、擔任裁判、執行政府委辦的任務或提出科學/工程建議，是讓這個社會正常運轉的重要關鍵。身為領袖時，我們可以意識到自己如何使用我們手中的權力。身為法官，我們可以依據證據和公平性做出裁決。身為父母，我們有權也有責任要教導孩子是非對錯，要保護孩子的安全，並讓他們發掘自己的聲音和力量。身為朋友，我們傾向於重視某些人的觀點，忽略其他人的觀點。對我來說，認知到權力問題，可以解放我們，也能給我們更多力量。

4. 我的觀點和判斷受到哪些規則和行為準則影響？

我們的標準會在對話中發揮強大但卻未受重視的作用。我們的觀點、評判、偏好和偏見都會受到自己的標準、道德觀和顧忌影響。在家庭和文化的影響下，我們會自覺或不自覺地採行自己的標準，包括是非對錯、好壞、美醜、聰明或愚蠢、完美或不完美。我們會不斷以負面的自我判斷折磨自己，或批評他人，根源都來自我們的標準。如果我們沒有好好探索自己的標準，自我就會完全掌控主導權。我們可能會嚴苛地對待他人、忿忿不平、自以為是，對他人抱持懷疑的態度。我如果記得要探索自己的標準，就不會執於批判他人，因為我會意識到我的標準只是眾多標準當中的一個。

這四個問題可以幫助我們了解我們說出口以及未說出口，或積極和消極觀點背後的想法。未經考慮的念頭、假設和評判會造成我們跟自己，以及跟他人對話的失效。

用這四個問題搭配我們針對情緒和事實的覺知，就可以讓我們：

- 認同自己的情緒，揭露情緒背後的故事。
- 挖掘任何既定情況的事實。
- 問四個問題。

在我們仔細研究這些問題之前，讓我們先考慮一下為何我們會在日常互動中遺忘這些關鍵要素，又是如何遺忘這些關鍵要素。

「理所當然」的背景

我們的渴望、顧慮和標準——在一定程度上，還有權力的問題——會在我們有意識或無意識的情況下，默默在腦中運轉。若這些要素與我們的故事一致，他們就會很實際，也很有用，但大部分情況下，這些要素都是以自動導航的方式運轉。他們怎麼會看不出來這項專案鐵定完蛋！他怎麼會認為我會有那種表現？我不敢相信他們居然看不出來這種設計一定行不通啊。我們認為理所當然，不假思索的東西，對其他人來說可能是完全無法取得的

資訊。「理所當然」的背景會創造讓人盲目的對話陷阱。

　　家長無法理解孩子為什麼怎麼會有這種糟糕的想法或行為。領導人忘記要跟員工分享背景或重要資訊，讓他們還搞不清楚情況就得完成工作。未說出口的渴望、未講出口的顧慮、不明確的標準和不明確的權威問題都會造成溝通不順暢跟誤會。了解這一點之後，現在讓我們仔細看看這些問題。

渴望

　　我們的渴望可能非常簡單（*我真的希望可以跟團隊好好對話*），也可能滿懷情感（*我好希望我家孩子可以錄取進入哈佛就讀*）。我們想要什麼？我們有什麼目標？我們因為厭惡什麼而蒙蔽了雙眼？我們的渴望可以成就我們，也可以帶來巨大壓力。渴望通常隱身在「理所當然」的背景中，但卻會對我們的觀點帶來重大影響。渴望常常埋在我們的討厭和厭惡的事物底下。渴望和厭惡站在對立的兩端，分別代表我們認為自己想要或不想要的東西。若沒有經過探索和討論，二者會讓我們產生焦慮和恐懼。負面的厭惡善於吸引我們的注意力。我們的想法會是「*我超討厭現在團隊整個癱瘓的情況*」，或是「*他這輩子都不會停止以這種方式對待我*」。儘管令人不安，但負面的厭惡情緒可以讓我們找出我們隱藏的渴望（例如，「*我真的好想扭轉這項專案*」，或「*我已經準備好要建立更好的關係*」）。

厭惡可能會讓我們困在與現實的鬥爭中（「我們無法相信這一切」），而渴望則會讓我們與現實脫節（「我們想要擁有自己得不到的東西」）。若未好好審查，二者都可能使我們情緒愈來愈糟。

在最好的狀況下，渴望呈現我們的目標和我們對未來的夢想。渴望可以成就我們，也會誘使我們，不斷推著我們完成出色的工作，幫助我們度過艱鉅的時期。一出生後，我們就對自己的喜好、厭惡、希望及恐懼有明確的看法。我們學會毫不費力地傳達這些渴望，說出像是「沒錯，我一定要拿到那個！」之類的話或「不要，我一點都不喜歡！」我們幾乎不會意識到我們的好惡如何轉化為很難動搖的思考模式，影響著我們的感受和互動方式。年幼時，我們天真地接收來自家庭和社會的無數期望和厭惡。到了青春期，我們開始伸展自己的羽翼，並且經常排斥早期的渴望，轉而選擇其他更符合目前生活的其他渴望。成長過程中，我們會持續受到日常事務或社會標準的影響，好惡不斷變化。不管是在人際關係、食物、服裝、藝術、戀愛、體育或政治方面，我們之所以會被吸引或會排斥，主要的原因都是隱藏在觀點中的渴望。

佛教假定人類未經審視的渴望是人類所有苦痛的根源。雖然渴望可以激發夢想，但同時也會讓我們不快樂。我們無法得償所願、無法理解為什麼壞事會發生，或埋怨生活的時候，就會感到痛苦。渴望和厭惡都可以保護我們或使我們陷入恐懼中。若我們能覺察到二者，就能更深入了解自己不斷捍衛的觀

點，並且脫離二者的掌控。

在第1章中，我們討論到保羅渴望能升遷，這樣的渴望到後來已成為一種強迫症。在未好好調查的情況下，他的渴望使他每下愈況。他厭惡別人超前（他們沒資格），而且他的自我很積極地支持他的追求，強勢捍衛他未經審查的渴望，忽視任何事實。他對未知未來的興奮和期望掌控一切，讓他困在自動導航的狀態中。他想實現這些期望的渴望使他情緒不穩。但當他仔細檢視一切，揭露自己不切實際的期望後，他便獲得全新的視角，用全新的選擇來考量自己的未來。

接下來，我們來看看泰絲。泰絲有兩個孩子，急切地需要找到新家，同時真誠地希望讓孩子接受良好的教育。這些渴望讓她輾轉反側。她在鄰鎮找到一棟完美的房子，還有超美的門廊（她一直想要有個門廊），而且鄰鎮的學校很棒。她先生詹姆斯才剛剛開始自己的軟體事業。他跟泰絲說他們絕對買不起那棟房子。儘管他一直抗議，泰絲還會不自主地開車經過那棟房子，並且自言自語地說：「如此完美……我們一定有辦法的。也許我該打工來付房子的錢！詹姆斯為什麼不多賺點錢啊？」

泰絲的渴望牢牢抓住她。她激動不已的自我強迫她否認真實情況。這裡是個好地方，又有這麼好的學校，而且我一定要擁有那個門廊！她自顧自講故事的大腦在她腦海中繪製了一幅美麗的畫面，一家人在夏日傍晚坐在門廊享受悠閒時光，門廊上擺了搖椅、冰茶和桌上遊戲。泰絲渴望得到那棟房子，日思夜想。她感到沮喪、憤怒、無能為力。她的私下對話已全然失控。

　　如果泰絲能夠及時注意到自己的情況，並仔細調查自己的故事，她就可以擺脫她的內心戲，以不同的視角來重新思考目前的情況。檢視自己故事中的事實後，她就可以與詹姆斯討論家裡目前的財務狀況。面對無從否認的數字，她就可以開始接受現實的財務狀況。雖然他們家目前算是很寬裕，但卻真的無法負擔泰絲夢想那棟房子的租金。泰絲承認並接受他們的財務現況後，便冷靜下來，開始深入審視自己的渴望。當她意識到自己有多麼強烈渴望那棟房子、門廊和學校後，她也察覺到這些渴望給她帶來了多大的壓力。

　　這些無法實現的渴望本來牢牢掌控著她，但她的調查讓她擺脫掌控。思緒更清楚的她開始考慮其他可以滿足部分渴望的選擇。最後，為孩子提供良好教育的渴望超越了她對那棟房子不切實際的渴望。與其一直想著自己辦不到的事，她開始研究價格比較負擔得起的其他學區，並考慮在這些地區找到租金比較便宜的地點。她決定自己還是可以繼續渴望未來能有個前廊，但她並沒有讓這個渴望分心，忘記要先找好學校。她重新組織自己的渴望，設定新的目標，並在這種情況下找到更清楚的心聲。她已經準備好要跟詹姆斯一起規劃他們的未來。

　　面對我們的厭惡和渴望，表示要意識到自己喜歡和討厭什麼。在清楚覺知的情況下，我們可以把我們的渴望從內心深處拉出來，再有意識地決定這些渴望在什麼情況下可以成就我們，或傷害我們。我們可以擺脫渴望的內心戲，脫離自動導航的狀態。現在，當我可以及時發覺自己的渴望讓我滑落情緒的漏斗時，我

會非常樂在其中。看著自己的期望與當下的現實之間有多大的差距，我會哈哈大笑。我會深呼吸，清醒過來，回到現實。

練習

- 不管是在職場或在家中，留意在自己腦海中盤旋的渴望。
- 有沒有可以激勵你的渴望？
- 有沒有哪些期望，其實與現實情況不符，讓你的情緒因此受到影響？
- 碰到失望的情況，請問問自己，你會有這種感覺，是不是因為你有什麼渴望或期望？

顧慮

我有哪些顧慮？明天會發生什麼事？我們的擔憂可能只是輕微的擔心，也可能是嚴重的焦慮不安。你可能會想「討厭，今天還得繼續開會啊？」或者「完蛋，我一定趕不及在專案期限前交件！」另外還有「我臉上這個奇怪的小斑點是什麼來著？皮膚癌嗎？」儘管這些顧慮可能包含一定程度的事實（例如還有四週才到期限，而且臉上確實有個奇怪的斑點），但我們的擔憂通常呈現出來的是我們對未來的顧慮。這些顧慮可能會執迷不悟，一整天在我們的內心想法中盤旋。它們也會隱身在「理所當然」的背景中。碰到特別顧慮的事情時，這些顧慮

會讓你無法活在當下，也會在夜裡憂心忡忡。

　　一旦遇見這些會觸動情緒的事件或人，我們的大腦會很快地——完全不假思索——產生很多預設，針對明天可能會發生的一切創作出很可怕的情境。顧慮都是針對未來。這種進化的大腦模式，某部分來說對我們很有用，有點像我們內心深處有個教練在我們的耳邊低語，「先好好考慮一下這個決定會產生什麼後果。」顧慮若能幫助我們留意當下或面對困境，就會很有用。但顧慮若只讓我們看到煩躁不安的情境，那我們的情緒可能就會因為害怕未來而一蹶不振。

　　自我會不斷捍衛我們擔憂不已的內心對話。它會說：「看來情況會很悽慘，這麼一來你鐵定完蛋。」要應付這些消極的對話，我們可以先問自己幾個問題：「我在擔心什麼？」「我害怕會發生什麼事？」「關於未來會發生的事，我跟自己講了什麼煩躁的故事？」「目前有哪些事實？」「此刻的我還好嗎？」

　　我們來看看羅德尼。羅德尼是一位很成功的高階主管，但他天生容易焦慮不安。現在的他正在必須搭當地通勤火車才到得了的美麗偏遠海灘上，享受他應得的假期。才休息幾天，他從當地漁民口中得知，颶風將在兩天後登陸當地。羅德尼的內心對話讓他嚇壞了。他私底下的思想充滿洪水、狂風、暴潮、破壞和死亡——尤其是他的死亡。他愈來愈焦慮，情緒也愈來愈失控。他自己編了一個故事，必須盡快離開這個地方。他徒步好幾英哩走到鎮上，準備要離開。他求售票員、對售票員大吼大叫，鬧得場面很難看，但接下來兩天的火車早就沒票了。

　　如果羅德尼及時發現自己的情緒已經滑落，他或許就能清醒過來，問自己幾個會讓自己冷靜下來的問題。如果羅德尼先深呼吸一下，收集事實，他就會知道我們無法預測颶風登陸的確切位置。如此一來，就可以幫助他從現在一定要離開這裡的故事中逃脫出來。無論我們有多焦慮，在任何高壓的情況下，都要先暫停，檢視一下自己的顧慮。正視這些顧慮後，我們就會停止對未來做出可怕的預測，也能夠在當下讓自己的思慮比較清楚。如果羅德尼能先審視自己的顧慮，那他本來可以先冷靜下來，以更清楚的思慮來考慮目前的情況。

　　接著，我們來認識一下卡拉。卡拉是個個性很隨和的女人。她剛好跟羅德尼待在同一家飯店。卡拉在大廳遇到羅德尼，跟他打招呼時，注意到他好像壓力很大，情緒有點激動。她用友善、關心的聲音問道：「你是在擔心暴風雨會來嗎？你主要是擔心什麼？」聽完他的故事後，她告訴羅德尼：「我今天和幾個本地人聊到，暴風雨要來的時候，他們都怎麼做好防災準備。他們給了我一些很好的建議。」

　　起初，羅德尼因為壓力過大，完全沒辦法把卡拉說的話聽進去，所以他沒理她。後來他決定去找卡拉，問問她的想法。原來卡拉真的從當地人口中獲得到一些很重要的資訊。後來，他們持續關注天氣預報。暴風雨來襲時，這兩個人已經知道要怎麼以及去哪裡避難確保安全。卡拉跟羅德尼變成朋友，跟當地人一起注意暴風雨的動態。卡拉冷靜的態度，以及她針對羅德尼的顧慮提出幾個簡單的問題，就足以讓他清醒過來。

當我們感覺壓力很大的時候，顧慮往往是我們內心故事中最容易挖掘的元素，也是最容易讓我們冷靜下來的元素。正視自己的顧慮，看這些顧慮是事實還是虛構情節，讓我們判斷自己繪製的未來是否帶著負面情緒。問幾個好問題，就可以讓這些顧慮浮出檯面，我們也可以用事實來管理自己的情緒，理性地思考下一步的行動。

練習

- 留意讓你日思夜想的顧慮。
- 記錄這些顧慮是否有一定的規律。
- 注意你的顧慮與時間有沒有關係。這些顧慮是否呈現出你對未知未來的想法？這些顧慮與你的渴望之間有沒有什麼關係？
- 碰到壓力很大的情況，有哪些事實可以幫助你減輕顧慮，專注於當下？
- 留意一下，當你正視並且好好處理自己的顧慮，你的情緒有什麼樣的轉變。

權威

在我們很多觀點的背後，都隱藏著權威的問題，而且其影

響力很強大。誰擁有什麼權力？目前又是什麼樣的情況？現在出現哪些權力問題？

我們經常在職場上跟人互動，或在跟家人互動時，以不同的形式賦予某個人權力，或拒絕某個人的權力。我們也經常在不知不覺中把權力拱手讓給他人，而未主張我們應有的權力。

如果我們非常尊敬某個人，相信他們很能幹、很聰明、很成功，我們就會無意識認為他們的言行都有一定程度的權力和權威。我們可能只是跟隨他們的領導，或只是溫馴地同意他們的立場。反之，若我們覺得某個人很愚昧、很不聰明，我們就覺得他們的話語沒有任何權威。我們無時無刻都會在有意識或無意識的情況下，賦予或否定他人言行的權力。

我們也會授予或否認自己的權力。我們內心對自己的優勢和劣勢有一定的信念，也因此影響我們如何談論和展現自己。我們在不知不覺中，對自己擬出一套自我限制、以及跟自己權力有關的故事，而且我們的私下對話可能充滿各種自我限制以及與權力有關的觀點。當我父親和祖父告訴我，我「不像個男人」時，天真無邪的我，認為他們的觀點重如泰山。當時的我還是個孩子，這些強大的負面觀點深入我的內心，讓我下意識地掩蓋自己的心聲，限制自己的行為。

權力驅動的方式可能不太正式（例如，社會互動），也可能很正式（例如，階級制度或任命）。社會規則和權威的文化模式──微妙又明目張膽地──規範了企業的組織，我們與親人朋友的關係，以及軍隊管理士兵的方式。在商界和政壇，個

人與組織機構會被賦予正式的權力。我們也賦予警察、政治人物、船長、醫生、裁判和法官權力。這讓他們有權可以做出決定、合法逮捕、制定我們遵循的規則。權力成為公民社會的重要結構。儘管社會中各種層面都受到權威的影響，但權威的影響往往是在我們的意識背景下。權力為我們服務，而且以人類傾向公平的角度來看，權威帶來很多好處。擺在一個有自知之明的人手中，權力可以啟發他人。而且有很多領導者、法官或教師會公平地運用自己的權威來服務他人。但正如邁可·路易斯（Michael Lewis）在他的podcast「違反規則」（Against the Rules）中所探討的，我們的生活有很多事會由他人裁決，這是一個很重要的功能，但隨著權威和事實不斷受到質疑或不再受到尊重，這個功能正在慢慢消失。權力如果掌控在渴望權力、自負、濫用或種族主義者的手中，會破壞社會，與我們與生俱來的公平感背道而馳。

在自然界中，階級統治一切。最基本的原則就是吃其他生物，或被其他生物吃掉。在社會中，階級制度則有其目的，有可能是要追求平等，也可能是要壓迫。我們仰賴這些制度來組織、完成工作。忽略、怪罪或否認階級制度，並不會讓階級制度消失。但是，如果我們留意階級制度帶來的影響，我們就可以在其中更明智地生活和行動。

從本質上來說，權威和階級制度不好也不壞。二者可以很僵化或很有彈性、很公平或很不公平、很明確或很令人困惑、很有幫助或很有挑戰。明確定義的階級制度可以幫助一群人以

很好的效率，以及很有效的方式做出決策、完成任務。若領導者天賦異稟，那階級制度可以賦予人們權力。明確、公平且彼此尊重的階級制度會帶來成功，也能帶來重大的變革。

　　檢視個人的權力問題，極具啟發效果。當我們發現自己如何使用或濫用個人的權力，我們可能會感到非常驚訝。仔細調查可以讓我們了解自己針對權力編撰的故事。在我長大成人之前，祖父教導我所謂男子氣概的故事已經被我內化，我無法重塑這個故事。等我仔細審視這個故事並且承認事實，我就可以看出我個人的權力是如何被這種想法削弱。調查過後，這個故事對我就不再有影響力。我把這個故事拋於身後，感覺好像肩膀上卸下了重擔。過去的我在生理和心理上都受到這個故事影響。幾週後，我正在跟事業上的夥伴喝咖啡，忽然間意識到自己的身高。我想，*什麼嘛，我居然比這傢伙還高。*

　　過去的階級制度，決定了我們的祖先在大草原上存活的機率。現在的階級制度已經沒有這種影響力，但我們仍然會潛意識和有意識地在心中幫自己跟其他人排名，同時也會對權威有自己的判斷，而這些都會產生不同的影響，有些影響可能強而有力，但有些則會造成極大破壞。若我們對權威的想法極其負面，我們會受苦。我們可能是在無意識間產生這些以自我為中心、以恐懼為基礎、而且對我們有害的想法或故事。在這種情況下，我們回應或說話時，可能會帶著不恰當的傲慢權威。那時我們滿腦子都會想著自己才是對的，而不會意識到這樣的想法會對他人造成什麼負面影響。有時候，我們也可能會是接

收權威影響的一方。父母的聲音、老闆的命令或同事的批評，都會在我們內心深處迴盪。我們在職場和家庭中與他人建立關係，權威和權力問題也會在幕後悄悄地影響我們的行為。

拿保羅為例。保羅的自我深信他應該可以升官，成為部門主管。他非常想要升遷，也因此備感壓力。但經過指導後，保羅花了一些時間來考慮哪些權威問題讓他感到困擾。我們針對公司內部的階段提出幾個問題來討論，就讓他第一次意識到他沒什麼權力，也無法控制自己未來在公司會有什麼樣的發展。其實很多階級制度都是如此。保羅可以掌控的只有自己的工作品質，但他無法控制公司對他未來的發展會做出什麼決定。這樣的意識足以讓他檢視自我的夢想。

為了檢視我們針對權力會有什麼樣的思維模式，我們應該問這些問題：目前有哪些權威問題會造成影響？我在哪些領域會反抗權威？如果社會分配的權力不公（例如，警察、牧師、社群領袖、政治人物），我有辦法可以與他們抗爭來以確保平等和公民尊嚴嗎？我在什麼時候不恰當地用我的權力來剝削他人？我面對權威潛意識的反應是否使我陷入困境或陷入不健康的關係？同時，我這時都是如何跟孩子、同事或老闆相處？碰到備感壓力的情況，我們可以檢視自己的私下對話，探索權威與權力互動如何發揮其影響力。最常見的互動形式如下：

- 他們絕對不可能會聽我的（不安全感）。
- 我覺得我沒有獲得應有的對待（控制）。

- 她提出來的想法一定會贏，因爲她根本就把財務長玩弄在她的手掌心（階級）。
- 不用擔心。我知道要怎麼做（自信或傲慢）。

這些答案都會揭露隱藏在背景下的權力問題，我們若沒有好好探索自己的觀點，這些權力問題就會在我們不知不覺中發揮作用。我們愈深入調查權力問題，就愈能適當地主張自己正當的權力，也能給他人授予他們正當的權力。

說到底，權力就是在談界線與控制。精神導師拜倫・凱堤（Byron Katie）幫助我接受自己擁有的一切，並且接受自己可以改變，以及不能改變的所有事物。她了解要如何有效區分三種不同的權力。在我們的心中，這應該是歸誰管的事——上帝？別人？還是我們自己？所以談到權力的問題，就是在談界線和控制的模式。我們是否眞的誠實面對自己能控制和不能控制的事情？我們會覺得備感壓力，是不是因爲我們干涉到別人的事，而且除了滿足自我之外，其實不會有什麼成就？我們會生氣，是不是因爲我們想扮演上帝，但其實根本不可能改變明擺在眼前的現實？

我們有很多機會看到自我努力工作，捍衛我們的觀點，但權力問題卻會悄悄地隱身在「理所當然」的背景中。我們若能有意識地審視權力問題，就能以具建設性的方式來管理權力問題。在任何對話中，如果感覺自己好像有點失衡，那就要傾聽自己的直覺，問問自己有關權威的問題。我曾經在某些對話中感覺自己的

身體發出些許恐懼的信號，我的情緒開始受到影響，在情緒漏斗往下滑。這個人的反對立場是否有壓迫的意涵？他們是在打算玩什麼權力遊戲嗎？我是不是正在避免非常熱情地闡述我的立場，努力用事實、擔憂和目標來為自己的立場辯護？這些問題等於關鍵時刻。問我自己這些問題，讓我可以評估現在互動的情況，找到自己的重心，再以更自信、更明確的方式重新參與對話。最好的情況是，改變我自己參與對話的方式會讓各方的關係重新配置，並且改變大多數對話的能量。

我也曾經在對話中發現自己只關注自己的觀點，一直大力推廣自己的看法。這也會讓你及時注意到自己的情緒已經受到影響，在那一刻讓自己醒過來。自從我意識到權力的問題後，其他人如果都不講話，並且我們的對話感覺死氣沉沉的時候，我就會特別注意。我會及時注意到自己的姿態太過強勢，並且有意識地閉嘴，詢問其他人的觀點，藉此來改變對話的走向。

在對話中，還有另一種與權威有關的問題，就是無益生產或不平衡的權力主導了整個對話。這樣的情況可以是在商務會議或社交場合，其中一位領導人或某位與會者的自我在有意識或不自覺的情況下，讓他認為自己的觀點才是「唯一適當」的觀點。在這種情況下，大部分的人都可能會退縮，閉嘴不講話，以避免衝突。我們若能意識到權力問題，就會注意到這些跡象。只要鼓起一點勇氣，在不要跟當事人直接發生衝突的前提下，我們可以表達觀點。「我想聽聽其他人的觀點。」「我很好奇，在座的各位是否都有相同的目標，或我們是否都對現

在事態的發展有相同的顧慮。」

　　所有對話都涉及權威和權力。只要我們能更留意權威及權力帶來的好處以及缺陷，我們就比較知道在什麼時機，什麼場合，可以比較有效地授權自己和其他人發表觀點。

練習

- 在職場上，在家中，開始以好奇心的心態留意權威的問題。
- 自己的情緒被觸動的時候，注意自己對權威有什麼潛意識的感受或思維模式。
- 留意在哪些情況下，權力會是觸動因素。
- 留意對你來說，哪一類的人特別容易會觸發權威/權力問題。你自己會在什麼場合，用什麼方式，有意識地和無意識地使用你的權威？
- 在什麼樣的情況下，你的自我會打死不改，認定自己才是對的一邊？
- 在你的生活中，是否有你無法以有效的方式善用自己權力的領域？

標準

　　標準是量尺，讓我們可以測量自己故事的觀點。我的觀點

和判斷受到哪些規則和行爲準則影響？

　　幾乎在所有對話的背後，都有規則與行爲準則，而且可能會帶來重大影響。當我們在閒聊時，說著某個領導者的行爲是如何令人髮指、某個會議又是多麼浪費時間，或某個人的三分球有多厲害的同時，我們的標準都在「理所當然」的背景下持續運作。但是標準會決定我們對是非對錯的想法，以及該或不該做什麼事。言語、領導能力、使命、行爲、天氣、目標、性愛、工作、育兒、宗教——全都逃不出標準的手掌心。我們都可以用很好的故事說明某些事會不會，成不成，或者該不該的理由與作法。

　　當我們提出與標準有關的問題（或任何其他問題），我們應該要先把自己不假思索的判斷先棄置一旁，對自己溫柔一點。標準是我們道德羅盤的基礎，但大部分的人都是在沒有自覺的情況下選擇了這些標準。我們採用的標準是根據我們生活的文化、社會和家庭。不管大事或小事，我們都會在不自覺以及有自覺的情況下採用自己的各種標準。反思自己的標準能幫助我們擺脫這些標準的束縛，阻止我們一直採取自動導航的模式來反應，並且選擇改變這些標準。

　　若我們與他人有共享的標準，而且維持透明，這些標準可以讓社會持續前進。幫助我們文明地共同生活。這些標準也能幫助我們減少衝突。

　　在民主國家，我們遵循的標準就是所謂的*法治*。舉例來說，憲法、法律、宗旨、文化規範、外交規則、商業契約、使

用手冊等等都是規劃社群運作的標準。其他形式的政府（例如共產主義）有非常不同的標準。這些標準對我們之中的某些人來說可能令人厭惡，但若是一出生就身處在這些制度中的人，這些標準感覺很正常。無論我們住在哪裡，個人、家庭、組織和國家都要遵循自己社群的標準。

　　壞消息是，標準很善變，又無處不在，所以常常會讓我們跟其他人產生矛盾。認定自己為正義的自我最喜歡的領域就是標準，用「必須」跟「應該」不斷煽動衝突。我們用標準來捍衛、來證明自己才是對的，其他人都是錯的。對自我來說，標準是天堂。我們的標準根深柢固地影響我們如何定義自己，因此一旦這些標準遭到測試或受到挑戰時，我們的情緒就會在我們不知不覺間受到影響。

○　○

　　佳貝莉住在芝加哥，為一家大型企業工作。公司的停車政策規定，距離辦公室最近、最方便、非無障礙停車位應該要留給訪客，不是留給員工。佳貝莉每天都遵守這個政策，優秀的員工就該這樣──好好遵守規矩。即使冬日早晨天氣寒冷，她也會從停車場的盡頭費力地走過大半個停車場，經過訪客停車區，進入大廳。有幾天天氣很寒冷，她注意到公司的財務長邁可把車子停放在標示「僅限訪客」的停車位。到第四天，她感覺受到嚴重打擊，開始關注這個公然違反規矩的人。她內心的故事一直咕噥

著，他以為他是誰啊？他是不是認為自己最特別？

到第五天，她在大廳看到邁可，很勉強地露出微笑說：「嗨，邁可，你停在外面那台車好帥耶，是新車嗎？」與此同時，她腦子裡想著，「你把那台閃閃發亮的新車停在訪客停車區，不覺得丟臉嗎？」佳貝莉的私下對話和公開對話之間有很大的差距。如果她能調查自己的私下對話，她就會發現自己的沮喪和憤怒。

她很生氣，但她深吸一口氣，決定先探索一下。在她的故事中，有哪些真相？邁可的新車停在訪客專用停車位好幾天了。外面只有華氏20度（攝氏零下6度），而且她的車子停在員工停車場最遠的角落。現在才上午八點，她卻已經覺得自己備感壓力。

佳貝莉寫下自己的判斷：「公司有一條所有員工都要遵循的規則，所以，天哪，這條規則應該適用所有員工，財務長也應該要遵守。公司的規則應該要公平公正！」她的自我想要捍衛她對公平的渴望，她對權力的鄙視則影響了她的情緒。佳貝莉注意到自己的情緒不穩，所以決定先放慢速度，問自己幾個問題。

她開始探索自己的標準。她認為所有員工，從執行長到清潔工，都應該遵守相同的標準。佳貝莉的標準和故事讓她必須跟現實對抗。財務長的車已經停在訪客停車位好幾天，這是事實。她不喜歡這件事。在她的想像中，她認為財務長會把車停在那裡，一定是因為他相信自己有特權，所以他可以把車停那麼近。

　　佳貝莉還是感到沮喪，但已經沒那麼生氣，所以她決定跟保全人員問一下公司的停車規則，還有財務長的車。保全人員很有禮貌地告知她，財務長暫時有身體障礙，而且他的汽車牌照上貼有短期身心障礙標誌。佳貝莉在走回辦公室的路上，感覺很驚訝，而且有趣的是，她也發現自己鬆了一口氣。這個情況帶來的壓力和她的判斷使她陷入困境，情緒一直往情緒漏斗下滑。因為怒火中燒，她根本就沒注意到財務長車上掛著身心障礙標誌。她的故事，帶著批判的標準和對權威的不信任，令她盲目。

○　○

　　佳貝莉調查自己的感受、事實並提出四個問題後，就發現在自己的私下對話中，有很多元素影響她的情緒。如果佳貝莉在看到財務長把車停在訪客停車位的第一天，就先留意自己自動產生的情緒反應，那麼在她剛剛開始醞釀怒氣的時候，她其實就可以避免生那麼多天的氣。佳貝莉探索自己的想法後，就意識到自己的標準，同時也注意到自己的感受跟私下對話有多強烈。當她學到一課，她如釋重負，因為自己的傻勁大笑一場。

　　在我們的心中，我們的標準絕對理性，別人的標準則似乎難以理解。標準如果不清不楚、講不明白、以不公平的方式施行，或以不同的方式解釋，那這些標準大概一定會把我們送上戰場。在家庭、團隊、社群和政府內部，碰到爭議時，標準會

發揮統治的勢力，通常還會跟權威問題合作。我們只要拿新聞中任何一個會讓大家熱烈討論的話題來看，就可以看到潛伏在陰影中的標準和伴隨而來的權威問題。儘管我們都會有深刻的感受，但我們往往沒有把這些標準表達出來。

當我們能留意這些標準時，我們就會注意到它們會在各種紛亂的互動發揮影響力。在商界，我經常看到大家因為想法、產品或決策而有分歧的意見。麗莎就是一個很好的例子。麗莎是一位知名工程師，她對成功的定義，對任何想法或決定的價值，都抱持著很高的標準。她的標準一定是以事實和物理為基礎。這在物理上可行嗎？我們有辦法把這個零件設計成我們要的樣子，得到我們想要的結果嗎？麗莎的標準在業界不是什麼祕密。任何在她底下工作的人都知道，所有的想法、流程和決策都會被什麼樣的標準來衡量。有些人無法忍受這麼嚴格的標準，所以決定離開，但能夠應付的人最後都會比標準沒那麼嚴格的工程師表現得更好。

有許多團隊從來不討論標準。很多領導者對自己抱持的標準視而不見，因為這些標準隱身在「理所當然」的背景中。他們覺得自己看起來很好的東西，其他人也應該會有相同的看法。對話中若沒有標準，假設和誤解就會佔上風。

想像一下，如果政界人士都有共同的目標，並且可以真的就制定新法律的標準達成共識，事態會發生什麼樣的變化。如果他們同意要盡可能減少不平等、制定最低工資的具體標準、支持育兒措施、增加就業機會，他們就有很堅定的基礎可以當

做起點。在對話時，把標準先擺出來，就可以為企業、家庭和社群面臨的挑戰提供關注的焦點。

練習

- 記下一些強烈的批判，這些判斷會讓你情緒起伏。問問自己在這些批判背後隱藏著哪些標準。
- 留意有哪些標準會定期出現。
- 留意自己自動的反應是因為哪些下意識的標準。
- 當你注意到你的標準只是你的標準，而不是針對某個主題唯一的思考方法，你的感受有什麼變化？
- 在職場上或家中，是否有其他讓你願意重新評估的標準？

我們的觀點和私下對話是非常強大的搭擋。透過四個問題，我們可以深入自己思想的根源，少一點批判，少一點製造麻煩的假設。我們不會放棄自己的故事，但如果我們可以把這些故事搬上檯面，便可以改變自己的態度，用謙虛的態度進行對話。然後，我們就能用開放的心胸，而不是緊握的拳頭，分享自己的渴望、顧慮和標準。這件事至關重要，是讓我們可以進行成功合作性對話的先決條件。

練習

選擇一個或好幾個你非常想表達看法，又讓你很有壓力的對話，然後問問自己：

- 當時碰到這個情況，我感受到什麼情緒？
- 事實是什麼？我是不是想爭取我根本無從控制或無從更改的事？
- 我會有這些負面反應是因為我自己的標準嗎？
- 我有什麼顧慮？我是否在預測未來？
- 是否有什麼權威或權力的問題無意識地造成影響？
- 我有什麼渴望？這些渴望是否與現實不符？

第二部分

合作性的對話

試圖理解並吸收他人的觀點

與他人對話

綜效（sunergy）：不同個體相互合作後產生的、超越個別效應加
總的綜合效應。

——史蒂芬·柯維（Stephen Covey）

故事、事實、自我、情緒和堅定的觀點是對話的原料。當
這些不斷變化的原料有所交集、產生衝突，就很難產生
合作性的對話。我們必須自己先理解並轉化自己的故事，才能
創造有成效的合作。我們的調查打開我們的眼睛和耳朵，讓我
們用全新的角度看到、聽到其他人，與其他人互動。

我打破自己不夠有男子氣概的迷思後，腦中一直揮之不去
的自我懷疑就慢慢蒸發。當我意識到我的故事只是眾多可能的
故事之一，而非唯一真相時，我就可以練習減少批判他人。慢
慢地，我就能夠更有好奇心、理解能力和同理心。

故事及故事眾多的表現方式，都會決定我們是否能成功

地進行合作性的對話。房間裡的每個人都至少有一個自己的故事要講。當好幾個故事都能同步，那我們的對話就會變得很輕鬆。我們可以建立聯結、達成共識、找到共同點，感覺可以順暢合作。但是，當我們的故事、自我和不同觀點發生衝突，合作就會被推到後座，批評、彼此防衛的爭論和各種情緒會佔據主導位置。雖然順暢合作可以讓大家感覺良好，而交流時吵得很兇會讓大家感覺很糟，但這兩種選擇其實都不利於達到成功的合作性對話。

　　大家的故事很一致，可能會讓我們排除其他新鮮的想法。而且這樣的一致往往是群體迷思或權力失衡的結果。過程中沒有討論，所以不同的觀點無法浮出水面，也就不會因為想到意料之外的解決方案而感到驚喜。假設會議室內，大家的故事都很一致，那會議的內容聽起來可能會像這樣：

　　領導者德雷克：「好，開會吧。」
　　「這件事很簡單。大家都同意要怎麼做，對吧？」
　　羅賓：「我已經準備好要開始進行這個計畫。」
　　凱特：「這個解決方案沒什麼不好啊。」
　　德雷克：「好，那就這麼決定了。接下來要做什麼？」

　　另一方面，故事如果相互衝突，那就不會有人好好傾聽，無法理解對立的立場，並且創造解決方案。衝突的對話聽起來會像這樣：

「早安。咖啡煮好了嗎?」

「我們家沒咖啡了。而且我沒辦法開車送孩子們去學校。
　　我老闆要我去參加一場緊急會議。」

「老天爺!我不行啦!你那份工作快害死我了。今天早上
　　就好,你能不能跟老闆說你沒辦法去?來幫幫我?!」

「你今天早上到底有什麼毛病啦?」

　　我們若能理解故事和觀點對我們產生的影響,就能開始了
解合作性對話有多麼容易出錯。本來很愉快的早晨可能變成怒
氣沖沖的交流,或讓我們倉促做出不恰當的決定。但是這兩種
極端——群體迷思和彼此防備的互動——都可以藉由練習目標
性的合作性對話加以避免。

　　我們每天可能都會經歷這兩種極端,但卻從來沒有多想。
有時候,對話會很順利,沒什麼問題,一切都很美好。有時
候,交流的情況會偏離正軌,讓我們情緒受到影響。藉由幾項
工具的幫助——在與他人對話時,消化我們的私下想法、開放
型主張與提問、用心傾聽——我們就可以創造有成效的合作性
對話。

　　接下來跟大家舉例說明我們如果具備(或缺乏)進行合作
性對話的技巧,會對團隊產生什麼影響。

第一季慘敗

　　蘇珊是一名軟體工程師。她在美國一家大型科技公司擔任主管，負責開發一項備受矚目的新產品。她和五位同事要跟負責此產品開發計劃的高級副總裁艾瑞克匯報。這個計畫對公司至關重要，而且時間和預算都很緊。艾瑞克設定了很高的標準，也知道團隊必須有透明的溝通方式，避免各行其事，才能完成工作。

　　計劃目標完成第一季審查後，艾瑞克開始收到觀點，說蘇珊沒有好好跟同事合作，而且經常在他們報告時惹得大家不悅。這幾位同事，有人有點擔心蘇珊，有人則是很不爽。艾瑞克調查這種溝通不良的狀況後，發現蘇珊跟自己的同事隱瞞了一些資料、耍了一些政治手段，而且蘇珊並不關注團隊的優先項目。她的行為，以及無法與他人合作的情況，讓團隊與目標背道而馳，拖累了整個團隊的進度。蘇珊完全沒注意自己的行為有這些影響，而她的同事則不知道該怎麼給蘇珊具建設性的觀點。他們可以一直吵下去，因為他們無法進行合作性的對話。

○　○

　　若不知道如何進行合作性的對話，會使團隊和家庭都陷入惡性循環。要善用合作性對話的工具，我們必須先處理自己的有毒思想，並且管理自己的自我和情緒。在我們練習為自己及

為他人辯護，並提出好的問題以找到共同點時，這些技巧會派上用場。本節的技巧和工具可以將看似滯礙難行的對話，轉為相互尊重又有成效。

　　雖然這些對話很複雜，但對話的進行在很大程度上其實是受到我們的防衛模式影響。大部分（如果不是所有）的對話會令人感到受挫，主要原因都是未經調查的故事。沒有注意到或隱藏起來的負面情緒反應；我們變得有點怪；我們覺得自己很受傷、很生氣、很失望；或者，我們出現「戰或逃或僵住」（fight-or-flight-or-freeze）的反應。如果好幾個人都深陷在自己的故事中，那情況會很像好幾顆快速旋轉的陀螺相互碰撞。

　　若我們能謹記，我們跟其他人交談時，會有固定模式的反應，而這些反應是受到我們的感官、社會規範、情感與信仰影響。這個認知會對我們很有幫助。這些歷久不衰的反應模式也是造成合作很難的原因之一。我們的習慣、模式、跟故事就像老朋友一樣：讓我們感覺很自在，又很好相處。合作要求我們踏出自己的舒適區，才能參與強而有力的對話。在最好的情況下，合作性對話的工具可以幫助我們保持開放的心胸與心態參與對話。

○　○

　　我們是否能有效與他人合作，最主要的問題就是我們在第3章和第4章中探討過的：私下、未經認可、製造麻煩的想法。我

們經常發現自己會在對話中忙著跟自己內心的想法爭論，或因為這些想法而分神。在維持禮貌的同時，我們可能正想著，**她是不是故意要惹我生氣？**或者我們可能嘴巴上說：「好，沒問題，我懂了。」但腦子裡想著：「**我真的不知道你到底在講什麼鬼。**」如果內心對話正以自動導航來運行，那我們根本就無法傾聽、吸收或找出妥協的方法。

有個很好的例子是，當有人說他們因為某件事興奮不已，但同一件事卻讓我們氣個半死時，我們當下滿腦子難以置信的掙扎模樣（想想2016年和2020年的美國總統大選）。或是有某位同事在大家與老闆開會時，故意叫我們離開，當下的我們有什麼感覺。在很多會令人感到沮喪的互動中，罪魁禍首都是未經處理的私人對話，和未經探索又互相衝突的解釋。

在我們的互動交流中，我們不會像電視或收音機傳輸跟接收信號一樣傳輸和接收數據。人跟無線電的天線不同，我們很少會直接接收他人的話語，因為人類有大又美的大腦會過濾訊息，讓我們理解意思。當有朋友、同事或陌生人跟你說：「你信不信？」在幾毫秒內，你的腦海中就會浮現對這些話語的解釋。不管是面對面的交談、電子郵件、私訊還是電話，我們的解讀很少會是100%。我們說的話不代表別人聽到的話，別人說的話也不代表我們聽到的話。

健康的合作性對話需要更多我們這樣的人。我們可以輕鬆淡定地保留自己的故事，學會提出問題；我們可以試圖理解，不害怕在合作過程中，會有相互的觀點交流。藉由練習，我們

可以成為自己更好的見證人，也可以見證大家的觀點。我們若能脫離自動導航的模式，抓住自己的反應，我們與其他人的互動方式就會發生變化。合作性的對話會要求我們要提倡我們的觀點只是觀點，不代表事實：「這只是我的想法。」或「我認為，截止日期應該可以推遲兩週。」若有個人可以提出幾個很好的問題，就可以把帶有爭執的對話轉變為互惠互利的互動交流。「這麼做大家覺得怎麼樣？」或「我們有沒有遺漏其他可以思考這件事的角度？」

　　為了成為更好的合作者，我們要先重新消化自己私底下的想法，並且好好檢視這些想法如何影響我們與其他人的互動。

練習

- 注意其他人都如何表達他們的觀點。你覺得這些觀點是事實嗎？你是否賦予他們的觀點權威？
- 特別留意事實和觀點如何在對話中相互爭執。請注意觀點是否居於主導地位，而事實則被隱藏在背景後。
- 留意你是如何表達你的觀點。你的語氣是很霸道？很謙虛？還是帶著指責？
- 你的觀點是否帶有批判意味？
- 在對話中，注意事實和觀點怎麼變得難分難解。

私下對話

請謹記，壓力不是來自生活中發生的事物，
而是來自你對這一切的想法。
——安德魯・J・伯恩斯坦（Andrew J. Bernstein），
美國哲學家、《資本主義宣言》作者

我們在第3章談到如何解構我們的故事，讓我們可以意識到自己私底下的想法。在這一章，我們要來思考一下，當兩個人或更多人之間有所交流，導致好幾個私人/公開對話交會時會發生什麼事。我們仍然要讓四個問題引導我們，幫助我們說明自己的理由、試圖理解他人的想法，並從令人感到煩躁的互動中解開一些謎團。我們可以問這類的問題：「我們有沒有辦法從不同的角度來思考這個問題？」「我們能否就任何事實達成共識？」「我們有什麼顧慮？」「這件事成不成功要怎麼衡量？」以及「誰有權威做出決定？」先用這些問題移除障

礙，把大家沒說出口的恐懼和顧慮都搬上檯面。

○　○

　　在第5章，我們以「第一季慘敗」為例，說明沒有解決、沒有明說的分歧會如何讓整個團隊陷入惡性循環。艾瑞克、蘇珊和她的同事都因為各自對團隊都有不同的私下解讀，而使進度停滯不前。他們有明確的目標、標準和報告結構，所以到底缺少了什麼？蘇珊的自我、她以「我的團隊」為中心的行為，以及她的權力遊戲引發整個惡性循環。她在跟同事開會時，自顧自的態度，加上同事們不太敢直接跟她把事情講開，導致團隊無法順利合作。艾瑞克的領導風格——他很猶豫，又無法直接給蘇珊具建設性的負面評價——使團隊失能的情況延續。大家沒有說出口的顧憂被埋起來，很多不能討論的問題愈來愈惡化，導致大家感到不滿與憤怒。

　　藉著運用事實、顧慮以及行為標準，有技巧地提供觀點，會讓蘇珊有機會可以改變自己的態度和行為。跟團隊成員來一場健康、坦誠的對話——讓大家可以就共同目標達成共識，表達自己的顧慮與擔憂，並且建立大家都同意的標準——可能會大幅改變團隊的互動模式和文化。

　　我們在第3章討論過，公開言論與私下想法之間的差距愈大，我們就會有愈大的壓力。要跟其他人進行具有挑戰性的對話時，了解自己私底下的想法可以幫助我們了解我們的合作夥

伴、同事、朋友或愛人也會有自己私底下的想法。時間一久，我們就可以對他人的掙扎更有同理心。我每次發現自己不太公平的批判他人時，都會提醒自己柏拉圖說過的話：「待人要善良仁慈，因為你認識的每個人都在打自己的硬仗。」

　　無論我們是否意識到這件事，我們一直持續透過自己的眼睛、肢體語言和聲音語調，傳達自己的想法和情緒。我們會為自己的想法與情緒打活生生的廣告。我們每次與他人互動，都會用無數的線索微妙地傳遞自己的私下對話。如果我們沒有特別注意，即使自己傳遞訊息有很多矛盾之處，我們也會視而不見。

　　很諷刺的是，我們如果一直有很負面、未經過濾的想法，大腦會分泌多巴胺。*這樣就可以好好教訓那個傲慢的混蛋。*或是，*她就一定不敢再那樣做了！*但是當我們真的把這些想法說出口，感覺會傷人。這樣的話讓人覺得很殘酷；讓我們覺得很受傷、很生氣或很失望，所以我們的情緒低落，覺得自己被拒於門外、不受關愛。不經思索、沒有好好過濾的話語總是會導致糟糕的結果。

　　我們可能會在兩天後，才從自動導航的狀態清醒過來，意識到自己已然造成的傷害。我們會後悔自己說出那種話，期盼自己有能力可以倒帶重來，找到更好的方式來說出自己的真相。大多數的人都曾經在說出傷害他人或指責他人的話語後，感到尷尬不自在。

　　負面的想法若未好好處理（不管有沒有說出口），都會影響個人、人際關係、我們的工作，以及與其他人的互動。以蘇

珊為例，每位同事都因為她玩政治的手法感到不悅和氣憤。艾瑞克自己也很糾結，無法幫助團隊。在幾個月的時間內，團隊的互動愈來愈糟。沉默的謠言讓團隊分心，成員之間的互動瀰漫著不信任的感覺。他們的工作受到影響，在期限前完成進度的情況也被拖累。

我們很難誠實地評估自己內心的想法，原因有很多——害怕自己犯錯、討厭跟人吵架、防衛心理、輕視對方、迴避模式或完全不知所措。我們的祕密跟未表達出來的情緒，會轉變成失望、沮喪、困惑、幻滅、抱怨和退讓，這樣一來，什麼好處都沒有。這些壓力都會影響健康——身體上的（例如高血壓、肌肉緊繃、肥胖和手心出汗）和心理上的（例如焦慮、悲傷、易怒、煩躁和憂鬱）。見證自己負面消極的內心想法，再轉化這些想法，我們才有機會發現其中蘊藏的寶藏。

我是麻薩諸塞州民事法庭的調解委員，所以有機會在工作時接觸許多陷入家庭、社會或合約糾紛的人。調解過程中，總會出現兩個以上相互矛盾的故事，並且大家都會彼此指責和怪罪。未經處理的私下對話更是絕對不會少。作為調解委員，我親眼目睹許多人故事背後的痛苦和深刻情感。

在最理想的狀況下，成功的調解委員要保持中立、專注於當下，而且要開放心胸。下面這個例子說明用四個問題，加上好奇心和開放心胸的引導，就能幫助發生糾紛的各方了解自己的故事和對方的故事。若參與者都有意願，這個過程就可以架起理解的橋樑，化解頑強的分歧意見。

　　案例中的調解對象是名為艾芮安的母親和她的兒子山米。經過多次大吼大叫的爭吵後，兩人已經不跟對方說話，社會服務部門通知山米，他接下來要被送去少年觀護所監禁。調解的過程一開始是先分別與艾芮安和山米開會，讓他們可以安心地講述自己的故事。

　　調解委員聆聽並認同他們的故事、尋找事實，並平息他們的情緒。跟調解委員建立信任後，參與者會比較放鬆，願意用比較開放的心態面對好的問題，幫助他們揭露自己私底下的想法，藉此讓糾結的局面可以有轉圜的空間。他們也許會比較願意考慮對方的感受。等雙方都做好準備，而且都願意，我們會再讓大家碰面 —— 這有時候需要先跟他們個別會面很多次 —— 讓他們聆聽對方的觀點，並且尋求解決方案。

　　為了精簡一點，我把整個調解過程稍微濃縮，並且強調四個問題。

○　○

　　艾芮安跟山米一開始進入調解的時候，都緊握著拳頭，幾乎都不願意看到對方。我先跟山米見面。以下是我們在調解會議上講述的內容，精簡版：

　　我：「你和媽媽之間發生了什麼事？你做了什麼事或說了什麼話？你媽媽做了什麼事或說了什麼話？」（換句

話說，事實是什麼？）

山米：「我不過就踢了地下室那扇愚蠢的門，因爲我其實
　　　受不了再和我媽媽一起住，因爲她老是一直唸我。一
　　　直煩我。」（權威）

我：「聽起來你很不好過。她都唸你什麼？」（事實）

山米：「做這個！做那個！她老是有東西可以唸。我什麼
　　　事都做不好。」（標準）

我：「所以你愈來愈挫敗，所以就踢了門。那一刻你有什
　　　麼感覺？」（情緒）

山米：「我怎麼做都不對，而且如果我媽發現我在地下室
　　　吸大麻，她一定會大爆炸。我不應該大發脾氣踢門
　　　的，我只是真的受不了她一直嘮叨個沒完。」

我：「你願意跟我還有她見個面，讓我們一起爲了未來的
　　　相處找到更好的方式嗎？」（渴望）「我們可以先談
　　　談，看看你們是否可以針對一些相處的新規則達成共
　　　識。」（標準）

山米：「好。我不想被關進少年觀護所。」

我：「你願意跟她說一下你的感受，而且也聽聽她怎麼說
　　　嗎？也許我們可以找到一些你們兩個都可以做的事
　　　情，讓你們可以更和平地一起生活。」（標準）

山米：「我很願意幫她忙，但前提是她不要再一直嘮叨。」

我：「我可以和你媽媽說我們談話的內容嗎？」

山米：「可以。」

　　與山米會面後，我接著會見艾芮安。這時的我已經了解山米有什麼感受，以及他願意做些什麼。讓山米同意我和他媽媽談話是建立理解橋樑的關鍵。接下來是我和艾芮安會談內容的精簡版：

我　：「聽起來你和你兒子之間的關係不太好。你們之間發生什麼事？爲什麼會需要調解？」

艾芮安：「我不知道。他好像永遠都在生我的氣。上個星期，他把地下室的門踢壞，然後氣沖沖地跑出門。」

我　：「你一定嚇到了。他踢門之前發生了什麼事？」（事實）

艾芮安：「我只是叫他要打掃房間，他就氣個半死。」

我　：「那一刻你有什麼感受或想法？」（私底下的想法）

艾芮安：「我覺得不受尊重！我是他媽耶，我要他做什麼，他就要做啊。這是我身爲媽媽的工作啊，不是嗎？」（權威）

我　：「所以，你希望他要做家務，幫忙家裡？」（渴望）

艾芮安：「對啊，但我叫他做什麼，他都要反抗。」（權威）

我　：「在我和山米的談話中，他跟我說他覺得你一直在唸他。你也有這種感覺嗎？」

艾芮安：「我想我能了解他爲什麼會這麼想，但我叫他做什麼，他很少會眞的去做。他應該要幫忙家裡。」

我　：「在我和他的談話中，我聽說他很怕被送去少年觀護所。他願意跟你談談，看看你們兩個是不是可以針

對一些新規則達成共識，這樣之後才能住在一起。」

（標準）「你聽起來覺得怎麼樣？」

艾芮安：「也許可以吧，但我真的覺得他一副什麼事都不想做的樣子。而且我知道他在地下室抽大麻。我不知道我到底是什麼地方做錯了。」（顧慮）

我：「他很擔心你會發現他抽大麻的事。你對這件事有什麼想法？」

艾芮安：「我主要是不喜歡他在屋裡抽大麻，會讓整個地方臭到不行。我會擔心，但如果他要抽大麻，那我寧願他到外面抽。」

我：「我可以在我們三個人見面的時候提出這件事嗎？」

艾芮安：「可以。」

我：「好，所以你也同意我們三個人一起見個面，看看你們是否能針對未來的相處達成共識？」

艾芮安：「可以。我會希望能有很好的結果。」

　　在這些一對一的會議中，人們走進會議室的時候，通常很生氣、滿是怨氣或已經放棄掙扎。他們的故事充滿責備和羞愧。調解委員扮演的關鍵角色是不要帶任何評判地聆聽，認同人們的故事和苦痛，並提出好的問題，幫他們打開心胸，採取比較開放的態度。成功的時候（而且總是會讓人感覺彷彿奇蹟），你會感覺很像你把空氣從已經快要爆炸的氣球中排出來一樣。每個人都會變得比較放鬆、比較脆弱，比較願意用開放

的態度了解對方的想法和感受，以及可能的解決方案。

在艾芮安和山米都同意後，我們三個人一起對話。

我：「謝謝你們同意與彼此見面。聽起來你們兩個人都想
　　找到辦法，讓你們可以好好相處，減少憤怒和壓力。
　　你是這樣想的嗎，艾芮安？」（渴望，目標）

艾芮安：「沒錯，如果能這樣就太好了。但我需要他也盡
　　他的本分。」

我：「山米呢？」

山米：「如果她不要一直唸我，我可以幫忙。」

艾芮安：「山米，我很抱歉一直唸你。我只是不知道要怎
　　麼樣才能讓你主動幫忙。如果我們可以談好你在家要
　　負責哪些家務，那應該就是個很好的起點。」

我：「好，那我們來探索一下。艾芮安，你有什麼想法？」

艾芮安：「我需要你幫忙三件家務：倒垃圾跟回收垃圾、
　　把你的髒衣服放在洗衣籃裡，不要丟在地板上，還
　　有洗碗，不管我們是一起吃飯還是你一個人吃飯。對
　　了，如果你要抽大麻，請到外面抽！」

山米：「是誰跟你說我抽大麻的？！」

艾芮安：「山米，我又不是昨天才出生。你在室內抽大
　　麻，房子會很臭。」

山米：「哇，我根本不知道你已經知道這件事了。」

我：「你覺得這些家務聽起來怎麼樣，山米？」

山米：「如果她不要一直唸我，我願意多幫點忙。」

我　：「你媽媽要求的那三件家事呢？」

山米：「好，我願意試試看。她可以不要再嘮叨了嗎？」

艾芮安：「山米，如果你能做到這些事，我就沒有理由再
　　　嘮叨了。」

山米：「那就太好了！」

我　：「針對兩位都同意未來要相處的方式，我們一起擬定
　　　細節。」

　　會議持續進行，我們一起針對未來的相處擬定了具體的
規則。山米和艾芮安都覺得滿懷希望，也同意要一起努力。調
解雙方若能認可彼此的擔憂和感受，自我就會平靜下來，情緒
也會比較平靜。雙方的對話中會有空間可以同理對方和互相理
解，而且對話的能量也會改變，讓事情可以更順利的發展。

　　透過問題詢問發生了什麼事、有什麼規則、缺乏尊重以及
哪些事情可以辦得到，讓艾芮安和山米用新的方式感受以及思
考目前面對的情況。他們緩慢但堅定地展露自己的感受，變得
比較脆弱，也改變了自己的意識。這個過程幫助他們挖掘出好
幾個寶藏，例如艾芮安擔心的是抽大麻會讓房子殘留大麻的臭
味，以及山米很怕被送去少年觀護所。他們一點一滴地重建彼
此的關係，跟對方交流時態度更開放也更尊重。

○ ○

　　調解的主要好處是有中立的一方可以引導，協助釐清故事、自我以及相互矛盾的看法。不過，陷入僵局的兩方或多方也可能會宣布暫時休戰，同意進行合作性對話。這種對話的形式跟調解非常相似，也可以大幅改變對話的能量和基調。你們應該可以清楚看出何時該做決定，以及該由誰來做。每位參與者都可以在不被其他人打斷的前提下講述自己的故事；提出他們的事實；並且陳述他們的感受、渴望和顧慮。我們會在第7章討論開放型主張和提問的工具，可以加強建立審慎合作的過程。我們也會探索開放式問題為何如何寶貴。

　　談到開放性問題，孩子是很好的榜樣。孩子們時不時的發問充分展現他們的好奇心。「為什麼今晚的月亮是黃色的？」「為什麼我現在一定要去睡覺？」「漢堡是從哪裡來的？」「爸爸今天晚上為什麼不在家？」「為什麼學校其他小朋友取笑我，我會覺得很難過？」經過社會化，再被灌輸社會的規範後，我們會失去一些天真無邪的好奇心。在學校，我們會因為舉手回答而獲得老師給的金色星星。在商業界，我們會因為自己成為房間裡最聰明的那個人而獲得加薪、升職和獎金。但我可以用十隻手指頭算出，在我親眼所見的商務會議中，有哪幾場會議曾經明確地鼓勵與會者提出追根究底的問題、測試大家的假設、或提出新的標準讓大家一起考慮。

　　目標性的合作性對話不會降低專業知識的價值，也不代表你就不需要做好準備和了解資訊。想想看，假設大家都期待有位專家可以回答會議上所有人的問題，他要有多少能量。再

假設有個人很謙虛、好奇心又很強，並且重視要有多元的想法跟好的問題。這個人的能量會是如何？把二者拿來比較。說出「我不知道」並不是軟弱或脆弱的表現。反而是展現謙遜和良好品格。在學校和企業中，有天賦的教師或偉大的領導者知道，尊重專業知識、問題和好奇心的結合可以創造一個安全的空間，並推動充滿活力的創造性對話。

　　消化我們內心的想法會讓我們有個好的開始，可以改善我們的合作技巧，因為這些內心的想法就無法再控制我們的情緒或影響實際上的對話。

　　讓我們回顧一下安東尼奧的左欄練習：

你的想法和感受	你跟對方說出口的話
安東尼奧： 哦，又來這一套！珍的長篇大論。	珍： 「你下週可以來幫媽媽一下嗎？」
安東尼奧： 她根本不知道我真的不可能請一個星期的假去陪老媽。她空閒時間那麼多。	安東尼奧： 「我不知道我下週有沒有辦法三天都來照顧媽媽。」
安東尼奧： 我真不敢相信妳居然會指望我要照顧媽媽一整週，我的專案會泡湯耶！	珍： 「我知道你很忙，但我覺得媽媽需要有人陪她。」
安東尼奧： 妳到底知不知道我有多忙！妳就是更閒。妳家小孩整天都在學校，妳又不用工作。妳就是太閒，才會整天想著要照顧老媽。	安東尼奧： 「孩子們下週要上學嗎？妳能不能去陪媽媽？這樣我比較有辦法安排。也許我可以陪她一天。」

安東尼奧： 對啦對啦。又來了。找人幫忙會把老媽手頭剩下的一點錢都花光耶。	珍： 「我再想辦法。也許我該開始登廣告找人幫忙。」
安東尼奧： 妳真的沒有搞清楚狀況。妳老是強調目前是緊急情況。	安東尼奧： 「但我覺得媽媽還不需要找人全職看護。」
安東尼奧： 「如果妳不要像個控制狂，我們就可以找出解決辦法。」	珍： 「我們之後再談吧。我得先帶媽媽去買東西。」

接下來，安東尼奧和我一起消化他內心的私下對話：

- 哦，又來這一套！珍的長篇大論。

　　（權威）我問安東尼奧，他在寫下這句話時有什麼感受。他說，他感到很不好意思，沒有好好聆聽珍和媽媽的需求。對安東尼奧來說，這是在展現權力的遊戲。當我問他有什麼感受，他才意識到自己完全漠視珍的話，也沒有感激珍所做的一切。

- 她根本不知道我真的不可能請一個星期的假去陪老媽。她空閒時間那麼多。

- 我真不敢相信妳居然會指望我要照顧媽媽一整週，我的專案會泡湯耶！

　　（標準）當他重溫這些想法，他發現自己完全低估珍當一個媽媽和家庭主婦的工作有多重要。他的自我火力全開，強調他的工作有多麼重要，還因為珍不明白這

一點而變得憤憤不平。

- 妳到底知不知道我有多忙！妳就是更閒。妳家小孩整天
  都在學校，妳又不用工作。妳就是太閒，才會整天想著
  要照顧老媽。

  （標準，顧慮）這件事重重地打擊了安東尼奧。他
  意識到自己說珍整天想著要照顧老媽，是非常不公平的
  說法。珍把媽媽照顧得很好。他擔心不知該如何平衡自
  己的工作和家庭生活，也不知道自己到底要如何才能分
  擔照顧媽媽的重擔。

- 對啦對啦。又來了。找人幫忙會把老媽手頭剩下的一點
  錢都花光耶。

  （顧慮）在這個部分，安東尼奧了解到自己會有這
  麼多假設，都是因為他害怕未來。他擔心如果媽媽的情
  況變糟，又把錢花光，那他就得花錢幫忙。

- 如果妳不要像個控制狂，我們就可以找出解決辦法。

  （渴望，目標）他沒有開口談錢、談未來可能發什
  麼的情況、談怎麼幫忙，跟媽媽的最大利益，他反而是
  把珍的話丟到一邊，指責她大驚小怪。他和珍從來沒有
  好好談論兩個人希望為媽媽做些什麼，也沒談過未來媽
  媽的健康狀況如果惡化，兩個人要怎麼做。

調查他的私下對話後，安東尼奧發現權威問題、標準問題

（認為自己的工作比珍的工作更重要）、對金錢的顧慮，以及他沒有好好討論過媽媽的未來。這些見解就足以幫助他處理、重新思考、重新規劃他與珍的下一次對話。

下一章會介紹我們講述、推銷自己故事、提問和傾聽的模式，這些都是幫助我們了解和改變自己講話、聆聽，以及與他人互動的重要工具。

練習

- 完成左欄練習後，大聲朗讀。留意你有什麼感受和情緒。善待自己。
- 應用事實、情緒和四個問題，溫和地處理情緒化的想法和感受。
- 不要批判，認同這些情緒，並且找出隱藏在情緒背後的故事。
- 你能否在負面對話中找到不錯、有用的且有幫助的想法？
- 重新審視這段對話，思考要如何重新規劃。
- 練習大聲說出這些新的話語。例如：「珍，我下週沒辦法三天都去幫忙，但我很感激你為媽媽所做的一切。我們花點時間談談我們未來希望怎麼照顧媽媽。」
- 請注意，隨著時間，你在當下把難堪的私下對話轉化為有用詞語的能力有什麼樣的進步。

開放型主張和提問

最容易出錯的故事其實是我們覺得自己熟到不能再熟的故事
——因為熟，所以從來不會仔細檢查，也不會質疑。
——史蒂芬·傑·古爾德（Stephen Jay Gould），
美國演化論生物學家和科學史學家

在這一章，我們會探討自己講述故事的模式（主張）、如何以提問來理解他人的故事（提問），以及聆聽的模式。我們會探索以下這些工具：

- 開放型主張——以謙遜、好奇和自信的態度，親切地陳述自己觀點的藝術
- 開放型提問——以尊重且不帶偏見的方式，探究他人觀點的藝術
- 傾聽——以好奇心、同理心專心聆聽，同時還要有能力吸收其他人的故事

　　我們知道太過執著於自己的故事會給我們添麻煩。當我們未經調查的觀點出現在我們的互動中時，後果並不好。自我若死命堅持，我們就會以自動導航的模式，自顧自地捍衛自己的立場，或提出指責意味濃厚的問題，試圖暗中證明自己的觀點。日常生活中隨處可見防備型的主張和發問。灰心的領導者責怪下屬，因為他們在他的老闆面前表現不佳。滿臉通紅的鄰居威脅說，如果狗狗再吠叫，他就要報警了。或團隊因為沒在最後期限前完成工作，拼命找藉口，說是因為有人不願意給他們完成工作需要的資源。不管在哪種情況下，問題都是對故事的依戀。防備型的主張和發問已有既定成見。在對話中，我們會聽到這樣的話：「我們已經善盡本分。是財務拖延進度。」或「我們如果真的改變作法，麻煩就大了。」又或是「我已經表明立場。你可以不同意，但我心意已決。」防備型提問跟防備型的主張一體兩面。這樣的人也執著於自己的故事，同時感到害怕，所以他們會提出可以支持自己故事的問題。在對話中，我們會聽到像這樣的問題：「你的立場有什麼意義？」或是「你怎麼會簽下那個協議？你到底在想什麼？」或是，「你能不能給我一個例子，來支持你嚴厲的回應意見？」

　　安東尼奧和珍討論照顧母親的對話是防備型的主張和發問的經典案例，因為他們各自講述自己的故事，並提出禮貌的觀點，而不是真誠地詢問彼此公平合理的問題。對話中幾乎沒有詢問或用心傾聽。雙方都沒有意識到自己潛在的渴望、顧慮和標準，對對方的想法或感受也不感興趣。雙方都試圖辯贏對

方，說服對方支持自己的立場，但卻徒勞無功，而且他們問的問題缺乏眞誠的好奇心。安東尼奧會對珍的日程安排提出疑問，只是因爲他暗暗相信自己的工作比較重要，而且珍有空閒時間可以照顧媽媽。而珍一開始提出的要求，已經先入爲主地認爲安東尼奧不願花時間照顧媽媽。

參與重要的對話或有重要利害關係的對話時，我們通常會以自動導航的模式堅持自己的立場，並可能因此陷入情緒螺旋中。在堅持自己立場的同時，我們會攻擊對方的立場，讓他們也更堅定支持自己的立場。結果就是好幾個人都陷入情緒螺旋，捍衛自己未經處理的立場，好幾個情緒螺旋相互碰撞。自動導航的防衛循環會讓我們根本無法進行合作性對話。

以下舉另一個例子，說明合作性對話失敗的後果。

○　○

羅伯特在紐約市一家大唱片公司擔任高階主管。公司最近簽了一位新人，薩馬德。羅伯特正在跟薩馬德的律師吉娜和經紀人艾倫開Zoom視訊會議。他們會安排這次會議，是要看一下明年的策略。羅伯特和吉娜在音樂圈累積多年經驗，但艾倫和他的客戶都是新手，很高興能加入音樂產業。這份合約價值數百萬美元，大家都承受壓力，一定要趕快行動，製作出會大賣的作品。

羅伯特制定了計劃，包括何時進錄音室錄製新歌、串流媒體的內容、廣播以及參與podcast採訪的時間。艾倫希望可以訂到

更大的表演場地，而且對羅伯特的計劃抱持懷疑態度。吉娜清楚合約的細節，希望確保唱片公司履行協議。音樂產業的人脈很複雜，但疑慮和問題在討論初期就開始浮現。時間表要怎麼協調？薩馬德的時間要怎麼安排，到底誰有最終決定權？薩馬德可以有多少自己創造的獨立空間？有太多音樂創作者，因為唱片公司沒有實踐當初的種種承諾，而被合約綁死，動彈不得。吉娜很清楚新人要出頭會有很多挑戰，所以想維持溝通順暢。

　　這次的Zoom視訊會議不太順利。羅伯特的立場、經驗和自信讓艾倫嚇到了。缺乏安全感的他認為自己必須採取強硬態度。他針對薩馬德的日程安排，以及他音樂創作的掌控權提出了一些要求。吉娜見多識廣，所以艾倫的要求讓她覺得很不耐煩跟緊張。她試圖放慢對話的步調，希望先就一些簡單的事宜達成共識——像是先協調出時間表，以及未來幾個月要製作的歌曲數量等。艾倫不肯退讓，說他需要和薩馬德先談談。羅伯特沒什麼耐心應付艾倫缺乏經驗的情況和他提出的荒謬要求。他只想趕快簽下那該死的合約，讓他和團隊可以快點把計劃付諸行動。會議結束得很突然，沒有達成任何協議，各方立場也變得強硬。

防備型主張

防備型主張傾向引發爭議（見圖片6）。我覺得它算是握緊

拳頭在講故事。印度前總理英迪拉‧甘地（Indira Gandhi）曾說過，「印度會不惜一切代價避免戰爭，但這不是印度單方面可以決定的事。握緊拳頭，就無法與對方握手。」此時此刻，俄羅斯及其專制的領導者弗拉迪米爾‧普丁（Vladimir Putin）對烏克蘭發動戰爭（按：本書原文於2022年10月出版）。所有的外交努力都是西方國家單方面的努力。面對一名心意已決的獨裁者，而且又習慣只談他認定的真相，西方國家束手無策。同時間，美國國會似乎也經常面臨崩解，因為執政的一方試圖制定法律，但在野方卻執意阻止任何進展。

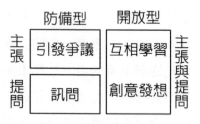

圖片 6：主張和提問的種類

　　為什麼防備型主張這麼普遍？我們在第6章中提過，從我們第一天上學開始，教室裡的潛規則是我們知道答案就要舉手回答。年輕人會進入大學讀書，是因為我們用成績和考試分數證明我們用功學習得到答案。幾十年來，我們背下既定的答案來證明我們值得這一切。在商界也幾乎一樣，我們會因為在碰到問題時，找到解決方案，成為在場最聰明的人而獲得獎勵。比

起提問，大家更重視知道問題的答案。執迷於回答問題使我們在碰到關係重大的情況時，反而無法合作。

在大多數情況下，握緊拳頭主張的作法只是在追求輸贏。**我來到這裡是爲了證明我的觀點，並且用證明你的觀點錯誤來贏過你。**但因爲我們覺得自己「什麼都知道」，所以在講述自己的故事──無論是事實還是虛構──以試圖獲得權力、印證自己的權威、吵贏對方時，聽起來會很傲慢自大。

競爭在這個社會上佔有一席之地。在體育和教育等領域，都會設定高標準目標，鼓勵大家挑戰；也會藉由嚴格訓練來激勵我們不斷挑戰身體和認知的潛能。在法界，好的辯護會影響法庭的無罪或有罪判決。但在日常生活的很多領域，例如領導力、團隊建立、政治、社區建設、社會參與和家庭，合作性的對話會爲我們帶來好處。

在前面描述的對話中，艾倫缺乏經驗，姿態又強硬；羅伯特傲慢自大，無法跟艾倫合作，一起找到共識或分享音樂產業面對的挑戰，使雙方幾乎無法合作和妥協。

防備型提問

防備型提問跟防備型主張半斤八兩，也一樣沒有效果。因爲執著於自己的故事，深信自己才是對的，我們提出的問題其實只是以問題僞裝的主張。我們的問題充滿暗示，聽起來很像在訊問

（見圖片6）。我們用提問來反駁其他人的觀點。用這種提問方式玩弄權力，讓其他人不敢發言。在自己沒有明確的立場時，則會這種方式掩飾自己的無知。這些偽裝成提問的審訊會規律地在階級制度中出現。什麼叫聆聽——我的故事才是王道！

與防備型主張一樣，防備型提問對大多數對話來說都沒有好處。提問的人不真誠又自私，所以不會聽其他人的心聲，也不想真的討論。

在安東尼奧和珍的對話中，他真正的想法掩藏在他的問題背後，也就是珍比他更空閒。同樣，珍提出幫助照顧媽媽的問題，也是掩飾，她真正的想法是她不相信安東尼奧會願意照顧媽媽。雙方都沒什麼或根本沒有好奇心，也沒有真的聆聽對方的想法。

專注聆聽

市面上有很多自我成長的書籍都在談要如何傾聽，像是建議我們要有眼神交流、要重複別人說的話，並模仿對方的肢體語言等等。我們其實都經歷過在自動導航模式下，一邊有自己的內心對話，一邊跟別人講話。在大部分的情況下，我們的私下對話——跟自我合作——鼓勵我們緊握拳頭，堅持捍衛自己的立場。我們如果處於防備狀態，那我們根本就無法吸收別人說的話。因此，我們聆聽的能力會大幅下降。既然我們已經

知道同時有好幾個故事出現——不管是說出口，還是沒說出口的——會很容易碰撞，我們可以調低內心對話的音量，創造空間，讓自己可以集中注意力，專注聆聽。

在對話中，我們的注意力會集中在自己的感受、故事和觀點上。在令人喪氣的對話中，我們內心的聲音、緊繃的身體，以及認知會耗費大量精力。我們必須有意識地努力，才能隨機應變，處理自己的想法，思考要怎麼回應。這種努力可能會讓人覺得手足無措，但我們可以學著把一定比例的注意力，從自己身上轉移到其他與會者的身上，成為更好的觀察者和傾聽者。碰到很有挑戰的對話時，我們可以更注意他人的話語、感受和反應，而不是迷失在自己的想法和感受中。除了聽他們說什麼話，我們還可以觀察他們的肢體語言，來判斷他們發出什麼信號。我們可以注意他們的音調。**這個人是否處於防衛狀態？她是不是對我這個職位感興趣？**而且，我們也可以有眼神交流。**他看起來是不太專心還是在擔心？你會有很多發現。**

改變自己的注意力可以讓我們專注在當下，同時改變其他人對我們的看法。我們如果能專注聆聽，其他人就會覺得我們容易親近，同時，他們也能感受到我們把注意力放在哪裡。這種對話才會雙贏。我們專注於當下，也會讓其他人知道我們保持開放心態，願意聆聽和理解。我們若能專注於當下，就可以留意在場所有人的能量，更了解情況，幫助我們引導整個對話。

我有三個姊姊和一個弟弟。我最小的姊姊是一個和善可親、才華橫溢又美麗的女人，但她因為年輕時遭到虐待，背負

了一輩子的痛苦。我不會細談她無法言喻的經歷，但她的故事幫助我學會傾聽、提問以及接受其他人的掙扎和悲傷。在我腦中，很多細節都已經變得模糊不清，但我知道當我姊姊說出她的故事，我家其他人和我花了很多年的時間，才完全吸收和接受她的真相。回想起來，我意識到我花太多時間在跟否認抗爭。接受現實 —— 不一定代表喜歡或愛 —— 對於我們如何傾聽和關愛他人至關重要。開放心胸和開放態度會影響我們的關係，也會影響我們的幸福。

　　溝通不良、誤解和衝突會擾亂我們的日常模式。有人提出讓我們措手不及的評論或批評時，我們會不自覺用自動導航反應，也會感到沮喪、生氣或難以置信。這些擾亂同時也是個提醒，而日常模式遭到中斷，也代表我們該好好調查這個模式。那些時刻讓我們可以更了解自己和我們的故事。專注聆聽很難，但若能真的做到，對聽者及說話者來說都會是禮物。專注聆聽也是開放型主張和提問的先決條件。

開放型主張和提問
開放型主張和提問＝互相學習＝創意發想

　　開放型主張和提問鼓勵透明度和相互學習，藉此來解決問題（見圖片6）。從握緊拳頭轉變成以開放型主張的方式講述自己的故事，承認我們的故事只是眾多故事當中的一個，就算

自己沒有「正確」答案，也會覺得很自在。我們如果有學習的意願，就可以自在地鬆開拳頭，放輕鬆說明我們的想法。四個原型問題可以引導我們處理內心的對話，找出隱藏在其中的寶藏，同時也可以幫助我們學習表明自己的渴望、顧慮和標準。

通過開放型提問，我們可以針對他人的渴望、顧慮和標準提出真誠的問題。四個原型問題是很棒的工具，可以幫助我們擬出真誠的問題，在任何對話中創造安全感，打開對話的空間。我向團隊提出這四個原型問題時，大家沒說出的一切就會逐漸浮現。

在所有對話中，都要留意自己可以控制什麼，又無法控制什麼。精神導師拜倫·凱堤（Byron Katie）提醒我們，事情可以分成三種：歸自己管的事、歸他人管的事，以及歸上帝管的事。情緒激動的時候，我們要先讓自己冷靜下來，問問自己，這是歸誰管的事？我們有什麼權力可以插手歸上帝管的事或他人管的事？我們有權力可以管自己的事。我們可以善用自己的情緒和故事來改變我們的想法和行為。如果我們批判他人的感受、觀點或決定，還迫切地希望他們可以改變，那麼我們就已經想插手管他們的事。即使知道會徒勞無功，我們還是很難打破這種模式。另外，當我們感到不悅，無法接受眼前發生的事情確實為真相，我們就是在插手想管上帝的事。當我們用一根手指來指責他人，還有四根手指指向自己。

在前面提到的兩個例子——珍和安東尼奧、羅伯特和艾倫——他們的公開談話或多或少算平和有禮，但權力問題悄悄

影響了他們之間的互動，雙方沒什麼或根本沒有討論，使雙方關係原有的問題愈顯嚴重。他們都開口說話了，但卻無法坦誠地分享自己的想法和感受。對話感覺停滯不前，所以雙方也無法妥協或找到合理的解決方案。他們根本不知道該如何有效地支持和說服、找到共通之處、提出不帶評判的問題、或探索新的想法來解決彼此的分歧。

如果羅伯特看待艾倫缺乏經驗這件事的態度，是以同理心理解，對這個年輕的經紀人來說，要在大唱片公司的複雜世界裡找到方向非常不容易，那他就可以輕而易舉地改變對話方向。使用有說服力的支持，同時針對艾倫的顧慮和目標提出幾個問題，就可以消除艾倫的不安全感，讓大家可以妥協。

安東尼奧處理他與珍的私下對話後，發現他太過專注於自己的專案，沒去考慮媽媽的照顧問題。他也發覺自己的顧慮，並且開始意識到他覺得自己的時間比珍的時間更寶貴。這些領悟就足以幫助他擺脫自己未探索的故事，提出開放、誠實的問題，幫助他了解珍的想法。這一切都讓他可以與珍合作。

開放型主張和提問會讓人上癮。當有人表現出自己稍微脆弱的地方，其他人就會放下防備，因為人們傾向同病相憐。開誠佈公的對話會比握緊拳頭互不相讓的爭辯更有說服力。就像我太太提醒我的：「要捉蒼蠅，用蜂蜜會比用醋更有效。」放下防備後，我們可以重新拾起自己的幽默感，享受健康的交流。壓力變少、批判變少、學習變多、聯繫變多、心態變輕鬆——何樂而不為呢？我們如果更擅長平衡主張和提問，對話

就會變得更輕鬆、更發人深思、更具建設性。

平衡主張和提問

　　練習開放型主張和提問並不表示我們就要放棄自己的立場或默默放棄。它代表我們要有效且公開地表達自己的觀點，提出真誠的問題，並邀請其他人一起參與討論。

　　要平衡主張和提問並沒有完美的配方。我們能盡力做好的就是專注於當下、觀察、傾聽、評估下一步該怎麼做。你可能會需要更多支持、提出更多問題或保持沉默。如果我們因為某個人說的話與他的肢體語言不同而感到困惑，那就提出幾個好問題。或者，如果我們覺得自己說的話沒有引起注意，我們可以嘗試用新的方式來宣傳自己的立場。合作性對話像在跳舞。如果我的節奏是4/4拍（一、二、三、四；一、二、三、四），但另一個人在跳華爾茲（一、二、三；一、二、三），那我們就得改變作法。開放型主張和提問要達到平衡，就要結合說服力和接受力。

　　不過要留意，即使盡了全力，我們還是會碰到阻力。人們可能會很刻薄、不成熟、沒有安全感、或很無知。他們會因為自己卡關，而爭辯、打斷、懷疑或撒謊，也會為了維護自尊心感到恐懼。面對這種阻力，我們最好的做法是簡單扼要地說明自己的主張，再藉由提問來測試他們是否有意願參與對話。如果他們不願意探究事實或說明自己的理由，或是沒興趣了解我

們的立場，此時最好的作法就是優雅地退場。

在有上下階級的對話中，權力問題會讓我們很難找到平衡。「我與老闆的一對一對話讓我很沮喪。我永遠搞不清楚他的立場，又不敢質疑他。」又或者，「我每次跟執行委員會開會，都永遠沒機會把簡報全部講完。有些領導者一開始發言，就會抱怨這個、抱怨那個，害我們永遠沒辦法進行有成效的對話。」在這兩種情況下，權威都是房間裡的大象，大家避而不談，卻會讓對話傾向握緊拳頭而不是張開雙手。

主張和提問時，最常犯的錯誤和不平衡就是過度主張。我們如果很確定某個立場，就會希望盡可能提供很多資訊。我們可能會過度解釋，或用乏味、沒完沒了的簡報，讓會議完全沒成效。會議可能充滿各種資訊，但卻沒有可讓大家消化吸收的訊息或有成效的對話。這些會議結束時，通常問題還是沒解決，與會者都會覺得自己幹嘛要浪費兩個小時來開會。

建築學中有所謂的核心構想（parti），指的是建築師用什麼原則來規劃複雜的建築。核心構想可以是一張圖或一個草圖，但包含了許多不同元素。這個概念就是不同的宣傳方式。我會跟客戶介紹核心構想的工具，並以此為例，說明要如何讓我們的腦袋擺脫無關緊要的細節，專注在大局。工程、科學和教育都是很複雜的系統，可能會讓人不知所措。所以在宣傳時，有很多人都會傾向大談手上這個問題的細節。這就很像要蓋房子，還沒有弄清楚風格、概念和比例。就先擔心門或廚櫃的風格一樣。要說服他人，最好從比較廣泛的東西談起，帶著他人一起踏上旅程。比較

好的做法是特意在分享資訊跟討論之間取得平衡。與其用一大堆資訊想辦法要說服大家,我們的簡報可以用簡單、直接的投影片,利用簡單易懂的故事,藉此鼓勵對話。或者我們的簡報可以廣泛地先談關鍵要素,再討論這些要素之間有什麼關聯。這兩種情況都是簡單有力的宣傳。我們放掉一些有條有序的資料,以說明大局的方式讓大家更容易理解。再把重點轉移到提問。「這個議程看起來有沒有問題?」或「以整體情況來看,大家有沒有要特別關注的問題?」平衡的過程比較容易引起老闆、團隊和聽眾的好奇反應,邀請他們分享自己的想法或看法。

要平衡主張和提問,最佳作法就是專注於當下,並留意在場其他人的情況。這支舞需要試驗和練習。各位可以用以下幾種方法來開始:

- 深吸一口氣,留意自己的感受。
- 坐在座位上。雙腳擺在地板上。留意你的姿勢。
- 注意在對話中,是否有與會者權力不平衡的情況。
- 尊重他人的權威,善用自己的權力。
- 依據情況(權力、能量、肢體語言等),評估你是否該開始開放型主張或提問。
- 從簡短主張開始,從廣泛的觀點引導聽眾。
- 如果不確定,就從提問開始。
- 全神貫注。使用四個原型問題來提問,並真誠地表示想要了解他們的立場。「大家都同意這次會議的目標嗎?」

- 依據他們回答的情況，你可以再多問一個問題，釐清狀況。例如：「我想確認我有聽懂。你是擔心XX，對吧？」
- 尋找共通處──事實、顧慮、共同目標──以創造相互學習的空間，在你們的想法之間架起橋樑。
- 接著你或許可以轉換一下，宣傳支持自己的立場，留意這麼做會帶來的對比或有趣的差異。你可能會說：「我是用XX來衡量我們算不算成功，不過聽起來你的想法不太一樣。對我來說，這是全新的思考方式。我們來仔細討論一下。」
- 保持開放心態，保持好奇心，好好觀察。
- 讓其他人也可以提問，創造安全的空間。

以下是安東尼奧在處理完私下對話後，希望之後自己跟珍的對話能像這樣：

珍：「你下週可以來幫媽媽一下嗎？」

安東尼奧：「我很高興你找我幫忙。你幫媽媽做了那麼多，我卻一直沒空幫忙。」

珍：「我知道你很忙，但我覺得媽媽需要有人陪她。」

安東尼奧：「我的工作日程滿到很誇張，我敢肯定你一定也是要忙著照顧孩子和鮑勃。對你來說，下週哪幾天最麻煩？我會盡量擠幾個半天出來幫忙。另外，我到

　　　　了以後，我們要不要來談談媽媽未來需要什麼樣的照
　　　　顧？」

珍：「那就太好了。我先看看我下週的安排。老實說，我
　　　不知道該怎麼辦才好。我會需要你的聰明才智來幫我
　　　們制定計劃。」

安東尼奧：「可能還有一些我們不知道的解決方案。我們
　　　　　再細談。」

珍：「謝謝。我要先帶媽媽去購物，我下週會回你。」

　　安東尼奧為了處理自己私下對話所做的努力得到回報。他
很期待跟珍的下一次對話。或許不會完全按照他的計劃，但他
努力丟棄過去的舊模式。

　　我們也可以跟安東尼奧一樣，擺脫陳舊、有害的批判模
式，成為更有效的合作者。在人際關係中，我們可以建立信賴
關係、相互尊重。我們與他人協調行動的方式可以更加流暢、
更有收穫、更成功。

　　良好的合作性對話讓我們做好準備，投入創造性對話，因
為開放的態度和開放心胸是創造力的先決條件。

練習

- 開會時留意觀察。注意大家會如何宣傳及強調自己的觀點。留意問題的品質。這些人的問題是坦率好奇，還是變相鼓吹自己的立場？

- 留意你自己主張和提問的模式。你會在什麼時候處於防備模式？你什麼時候會想辦法推廣你的想法或提出誘導型的問題？想想你這種模式可能是因為什麼原因。誰是你的榜樣？

- 觀察你的聆聽模式。你什麼時候會在腦海中排練你要如何反駁？你什麼時候會真誠地試圖理解別人的觀點？練習把你的假設和立場都先擱置一旁，讓你的腦袋騰出空間，接受他人的影響或改變。

- 用坦白說明你的詳細想法來練習開放型主張。處理你的負面評判，再把這些轉變成你可以分享的有用想法。表明你的渴望，看看是否有共同目標。檢查是否有權力問題。分享你的顧慮和標準來建立溝通橋樑，並且聆聽他人觀點看是否能達到共識。

- 練習開放型提問，以了解其他人的觀點有什麼根據。以關心和好奇的態度分享你的渴望和顧慮後，問問其他人的渴望和顧慮。你的問題能否幫助他們反思或更坦然？

- 邀請其他人參與合作性的對話。在開會或討論時，示範開放型主張和提問的技巧，鼓勵所有人花時間以取得雙贏的態度解決分歧。

第三部分

創造性的對話

相信你的直覺

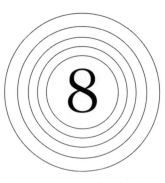

從屈從到驚奇

我相信直覺和靈感……想像力比知識更重要。因為知識有限，想
像力卻能擁抱全世界、激勵進步、孕育進化。嚴格來說，想像力
是科學研究中的真實要素。

——阿爾伯特‧愛因斯坦（Albert Einstein）

我們觀察、理清和脫離任何故事後（不管是自己，還是其
他人的故事），就能獲得更寬廣的視角，因而獲益。我
們充滿好奇心，對一切感到驚奇，站在情緒漏斗的頂端，有很
多可能性和創造力。

在這一章中，我們將探索大腦的左右半球，以及左右腦如
何影響我們的生活。我們會看看，屈從與驚奇的比較、直覺和
專注當下的價值，以及與他人共同創造的藝術。

大腦的兩個半球：智商（IQ）和情商（EQ）

我們的大腦分為兩個半腦，由超級繁忙的超級神經連接器連接。這個連接器其實是名為胼胝體的神經纖維束。要成功進行創造性對話，我們就必須尊重和關注被低估的右腦，讓右腦與邏輯思考的左腦同步。

在歷史上，左腦被愛因斯坦稱為忠實僕人。一般認為左腦主掌邏輯，幫助我們理性地思考細節、順序、具體和分析。左腦讓我們能夠就事實達成共識，比較這個與那個。左腦也是社群、機構和社會的黏合劑。

右腦被愛因斯坦視為神聖禮物，主掌脈絡、情緒、大局和統合。右腦幫助我們解讀傳入大腦的信號，同時理解不同的想法，解讀情緒和非語言線索，也會應用我們的直覺。

經過這麼多年的誤解，神經科學研究終於打破關於兩個半腦各自獨立的誤解，使我們了解大腦黑盒子內發生的事情。很迷人的一點是，兩個半腦會無縫合作，以很關鍵的方式相互補強。事實上，神經科學研究之父伊恩·麥克里斯特（Iain McGilchrist）證實愛因斯坦的直覺無誤，宣稱右半腦是主人，左半腦則是信差。他的書《大師及其使者：分裂的大腦和西方世界的形成》闡明左大半腦如何整合和合成，為我們提供我們對世界的獨特解釋，又是如何影響我們的思想跟行為。

西方社會過去一直偏愛左腦。資訊時代跟工業時代很像，都會獎勵以及重視邏輯和智商。西方文化跟價值觀逐漸演變為

推崇左半腦。二十世紀中，有大半的時間用智商（IQ）做為衡量人類智力的主要指標。一直到過去的二十年，研究人員才開始探索用情商（EQ）來衡量智力。情商衡量一個人識別、分辨和管理情緒的能力。在情商短暫的歷史中，相關研究大幅增加我們對人類感受的理解，也幫助我們了解感受如何與我們的思想和互動連結。情商不再只是智商的影子。研究人員現在認為，要理解人類的互動，情商就算不是比較佔上風的夥伴，也是有相同地位的夥伴。

那麼，這跟我們進行創造性對話的能力有什麼關聯？講故事和合作性對話都是右腦活動，可以增強我們的情商、寬容心、同理心和同情心，讓我們準備好重新考慮自己與創造力有關的模式。

一般來說，我們有先天的偏好和模式，會偏向使用左腦或右腦。天生傾向以左腦，或後來學習用左腦思考的人可能會需要多花點功夫才能改善人際關係和創造力。這些人可能比較容易會去找重視邏輯能力的職業，例如法律、貿易、工程或會計。天生傾向或後天學習偏好右腦的人可能難以搞定自己的繳稅單，或可能很難靜下心來完成講究細節的文書工作。他們可能會擔任看護、藝術家、企業家或音樂家。這些都是概括的說法，但有助於觀察和理解我們的偏好如何影響對話。

例如，在設計新建築時，我的自然傾向是先了解建設案的概念、設計和環境背景（傾向右腦活動）。我設計的過程都會先從大處著眼，先想好核心構想──也就是廣泛的概念。其他

人可能會傾向自然於思考土地區段的問題、建築地點的屬性、預算和工期要求（傾向左腦活動）。他們會收集資料，了解相關限制，從跟我不同的有利角度來了解建築的環境。

　　無論我們的偏好是比較重視概念還是數據，沒有所謂的對錯。捍衛自己的偏好無益於合作，還會限制我們的創造力。就像左右半腦會整合一樣，概念和具體細節相輔相成。左腦人應該不用擔心世界不再尊重智商。左腦為我們提供很好的服務，讓瘋狂的右腦想法可以實事求是。我們可以一輩子夢想、創造、想像各種可能性，但如果我們能把這些想法與理性思維結合，權衡不同的選擇，做出正確的決定，並完成工作，我們才能創作出很棒的作品。左右腦的合作模式把差異變成互補且多產，而非相互競爭且無生產力。

　　技術革命和人類意識的演化正逐漸慢慢地認識右腦帶來的價值。丹尼爾·平克（Daniel Pink）在其著作《未來在等待的人才》談到了即將來臨的「感性時代」。未來經濟會更仰賴需要右腦人才的職業。由於人工智能的興起，許多重視分析，重複性高的左腦工作（例如金融、醫學、工程和法律）都可以由處理速度愈來愈快的電腦更有效率地完成。但人工智能無法創造真實、藝術、原創或手工。在感性時代，社會會重視具有影響力的人、教師、建設者、藝術家、發明家和領導者，因為這些以創意激勵我們面對以技術為導向的未來。

屈從 vs 接受可能性

　　創造性對話是提升我們的力量，推著我們走向新的思維方式和新的想法。它讓我們可以對抗捍衛舊故事的思維模式，讓我們不要一直留在自己的舒適圈。當生活中突如其來的事件打擊我們的希望和夢想、挑戰我們珍貴的故事時，我們可以待在舒適圈，或接受邀請探索未知的可能性。很不幸的是，自我不會默默投降，毫不費力就讓我們接受改變。

　　在第2章中，我用螺旋圖說明不肯接受現實會如何使我們情緒受影響，累積怨氣。這樣的事情根本不該發生。人生太不公平。不可以這樣！在這一章中，我們探討無法接受其他可能性，或無法想像全新的未來，會如何讓我們情緒低落，最終變成屈從（resignation）。我一輩子也無法擺脫這個爛攤子。這段關係絕對不可能會有什麼好結果。我討厭我的老闆，但我被這份該死的工作困住了。

　　這些不滿和屈從的模式有關，因為兩者都始於不肯接受。在調查事實後，我們會發現接受事實可以讓我們情緒恢復平靜，擺脫怨氣，與現實和平相處。在創造性對話中，我們接受不同的可能性，發現世界充滿驚奇（wonder）和尚未探索的未來，並藉此擺脫屈從心境的拖累，重新振作（見圖片7）。

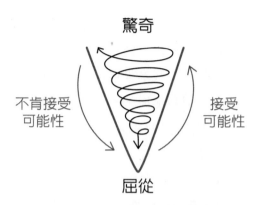

驚奇

不肯接受
可能性

接受
可能性

屈從

圖片 7：驚奇對比屈從的螺旋

　　我高中畢業後沒有立刻沒有上大學（說來話長），但1969年時，我差點被徵召去打越戰。我加入國民兵（這又是另一個故事）以避免被徵召。當時，我是一名專業音樂人士，在一家建築公司裡面打雜跑腿。四年間，我對設計、建築史和建築理論的興趣不斷增加，也對建築愈來愈熱衷。在一位朋友兼同事瑞克・里德的鼓勵下，我決定滿足自己的興趣，到大學取得建築學位。我的學業成績不是很好，所以能找到獨一無二的波士頓建築學院真的是天賜的禮物。這是美國唯一獲得認證，結合工作與學習的建築學位。波士頓建築學院採取開放入學（進來容易，要完成學業卻不容易），學費非常合理——以我的情況來說，這一切都非常重要。

　　在我搬到波士頓之前，我跟公司的同事分享我的夢想，他們都非常支持。但我其他的朋友都嘲笑我，懷疑我的夢想，也

不相信我有能力實現夢想。「你，當建築師？！太瘋狂了啦！要帶著妻子跟狗搬到大城市，而且還沒有工作，太冒險了。你一定會被生吞活剝的。」我本來很可能會相信旁人的質疑，相信我腦海中的故事，但我無從否認自己的直覺、好奇和被建築吸引的心。我沒有因為懷疑和憂慮而怯步，反而很明確的相信：**如果我不去試試，我永遠不會知道結果！**我鼓起勇氣擁抱不同的未來，一個充滿未知挑戰和未知機會的未來。

這一課很重要，我學會接受可能性，不要怯場。我們如果無法或拒絕想像或擁抱各種可能性時，明天、下週和明年都會感覺跟今天沒什麼差別。自我設限的故事——恐懼和停滯不前——會壓抑我們的創造力。當工作、老闆、岳母或政治跟我們不太合的時候，我們的情緒就會低落或受影響。**這個老闆實在讓人無法忍受，但我沒有別的出路！那個女人根本想毀了我的婚姻！**最終，我們會變得屈從，無法想像可以有不同的未來。

我在第3章提過，記下一些情緒強烈的評判，並提出四個問題，有助於我們觀察和理清自己的思路。如果我們不把這些東西寫下來，我們的想法和感受就會在腦海中糊成一團。為了要有創造性對話，寫下我們的疑慮和恐懼，有助於在心境偏向屈從時，讓自己停下來。只要少一些評判，我們就可以放慢腳步，採取「我不知道」或「我想知道」的心態。我們可以讓創意源源不斷，為未來可能發生的事情感到雀躍。要做到這一點非常困難，畢竟我們不管在家裡、在學校，還是在職場上，都常常會因為自己知道答案而獲得獎勵。四個問題可以指引方

向。我們可以問幾個關鍵問題，在腦海中創造空間，讓光線進入我們的思緒。我的渴望或顧慮是否讓我無法看到不同的未來？我的自我懷疑是否讓我遺忘自己的能力？我的標準/判斷是否限制了我跳脫框架的能力？

○ ○

梅蘭妮擔任企業溝通團隊的主管已經三個月了，現在的她漸漸變得屈從。她的上司，執行副總裁艾瑞克，讓她非常受挫，所以她告訴自己，艾瑞克讓人無法忍受。他刻薄又霸道，完全不懂得平等尊重女性或給女性相等的報酬。他一定是有很好的人脈，加上上頭的主管都很喜歡他，所以才沒有人敢正面跟他對抗。他手上權力實在太大了。我根本不該接下這份工作。我完蛋了。

經過幾次輔導後，梅蘭妮同意根據四個問題寫下她的想法、感受和情緒，以及事實。

事實

我知道艾瑞克因為其他人直言不諱，不同意他的觀點，就開除了他們。我們都知道執行長很重視他。他們是經常一起打高爾夫球的好友。

我們還知道另一個事實，那就是就算有人找過人資抱怨他，人質也會說：「我們無能為力。情況很複雜。」

渴望

　　我希望他能讚賞我們團隊的優異表現、給予公平的報酬和成長的機會。我希望他偶爾可以閉嘴讓我們專心做我們的工作。

顧慮

　　我不相信我可以和任何人討論艾瑞克對待我們的方式，而且好像沒人可以幫我們。我大概會一輩子都被困在這裡。我想總有一天，會有人受不了。說不定就是我！

權威

　　我接受公司的階級制度，但我覺得艾瑞克濫用權力、貶低下屬。因為他濫用權力和貶低下屬的情況一直沒解決，我就不得不忍受他的行為，這太卑鄙了！我知道我無法控制自己在公司的未來，也無法控制接下來會發生什麼事。

標準

　　我認為員工應該要能夠說出自己的想法。我知道領導者有責任做出決定，但我也相信多元的聲音會讓團隊更明智。我們應該要把自己最棒的想法帶到會議上。太自大的領導者不應該被允許踐踏自己的員工，而不用負任何責任。

梅蘭妮看到自己的反應中出現的想法和感受後，感到很

驚訝。她把這些想法寫下來，才開始意識到自己逐漸選擇聽天由命。情緒消散後，她慢慢感覺沒那麼緊張，同時其他的新想法也浮現。她寫下事實的時候，怒氣猛然衝出來：**荒謬！艾瑞克和上司怎麼可能成為好朋友，還用現在這種方式經營公司？他太強勢的權威不能完全沒人管！**她意識到這些話正在與她面前的現實對抗：**他們確實是好朋友，而我無法改變這一點，也無法改變他們運用權力的方式。**這些都是事實，她的憤怒和沮喪不會改變這些事實。認知到這一點之後，她慢慢地接受事實的原本面目，而不是她認為應該要怎麼樣。她也承認她無法控制這個局面。她的沮喪減少，情緒冷靜下來，感覺重新找到重心。她放棄徒勞地跟現實對抗。現在可以用更好的心態來探索自己為何覺得屈從。

她特別注意到自己寫下的渴望和標準。一旦她接受了現實狀況，她對權威的質疑就開始消失。承認自己期望能幫助團隊做好工作，讓她感覺很好。同時，她非常清楚自己有權獲得公平的報酬。至於她的標準，她仍然相信這些標準很合理。她想在一個有共同標準的地方工作。誰不想？

梅蘭妮消化自己故事的過程中，有一些恍然大悟的時刻。她從感到屈轉變為想知道還有什麼可能，最終她決定與她認為可以信任的人力資源代表卡洛斯談談。

梅蘭妮：卡洛斯，我希望這次談話可以完全保密。我已經因為艾瑞克的關係而感到煩惱好一陣子了。不過最近

　　我接受查克輔導，他幫助我以更清楚的思慮來思考自
　　己的處境。

卡洛斯：當然這次談話會保密。妳在煩惱什麼？

梅蘭妮：我知道主管們都對艾瑞克有很好的評價，我大概
　　也無法改變他或其他領導者，不過我認爲，眞的應該
　　要有人把這件事說出口，艾瑞克的領導風格實在太蠻
　　橫了。他動不動質疑我們的工作內容，又完全不珍惜
　　大家的成果或努力。我不太確定接下來會怎麼樣，但
　　我沒辦法繼續跟這麼厭女的人合作，所以我想和你討
　　論一下我還有什麼選擇。

卡洛斯：我明白了。大家都清楚艾瑞克的行爲，不過執行
　　長就是不願意直接處理他領導風格的問題。妳會願意
　　試試其他部門的工作嗎？

梅蘭尼：也許吧。讓我考慮一下。我的團隊很棒，而且我
　　很不想把他們丟給艾瑞克，尤其是我不知道我如果離
　　開，接替者會是誰。

卡洛斯：確實。讓我想想看有哪些辦法。不過，妳應該考
　　慮找其他幾位領導者喝喝咖啡或共進午餐。妳在公司
　　內的名聲很好，所以可以直接找幾位主管聊聊看有沒
　　有橫向調職的機會。

梅蘭妮：謝謝你跟我談。這段時間對我來說眞的很難受，
　　不過我現在的壓力已經減輕很多，也可以更清楚地考
　　慮我的選擇。

卡洛斯：不客氣。我們兩週後再談一下，交換一下觀點。

梅蘭妮：好。如果你有任何其他想法，請隨時與我聯絡。

這次談話之後，梅蘭妮對自己未來的發展有了新的想法。她列出自己如果轉到其他工作，有哪些技能可以應用。她以清單列出其他部門和其他聲譽良好的公司有的職位。她記下留在原處的缺點（例如，公司文化不符合自己渴望和標準）。重新整理自己的履歷表、列出自己可以聯繫的人員名單、以及探索其他企業的主管機會，都讓她感到雀躍。

新冠疫情發生後，全美各處可以在家工作的職位數量激增，她的搜索範圍也因此擴大。她在跟朋友以及另一半討論自己的新想法時，也帶著全新的雀躍心情。她對過去陷入困境的自己大笑。

○ ○

讓我們再看看另一個例子。

約翰陷入屈從，告訴自己，我的岳母會毀了我的婚姻！她動不動跑來探望，每次都待太久，還接管了我家。我沒辦法看自己想看的電視劇，然後她還要不停抱怨我們的飯菜不好。害我一直想喝酒。

為了減少自己的挫敗感，約翰寫下自己的情緒、一些事實、想法和四個問題（請注意：問題的順序不重要，不過請先

從情緒和事實開始）。

事實

　　約翰意識到他怎麼樣都無法擺脫他的岳母瑪麗。他終於決定和老婆莫琳聊聊。莫琳提醒約翰，瑪麗是獨生女，一輩子受盡寵愛。她要什麼有什麼，又是個控制狂，而且完全不想發展什麼自我意識。經過好多次討論後，約翰心不甘情不願地慢慢接受了這個事實。他也意識到自己無法改變瑪麗，但他還是很不喜歡這一切。他迫切地希望瑪麗動不動來探訪的情況可以有所改變（渴望）。接受事實不代表直接同意或漫不在乎。接受現實可能會很痛苦，會讓你有被一巴掌打醒的感受，不過，最終接受現實會讓我們有空間可以思考要如何以更有創意的方式解決問題。

渴望

　　約翰寫下了自己對瑪麗這些行為的強烈不滿。她為什麼不能更像我的母親蘇那樣輕鬆隨和？而且我媽一向知道自己應該待多久才適合。這是約翰第一次意識到他之所以厭惡瑪麗，是因為他在無意識間渴望瑪麗可以更像自己的媽媽。寫下這些想法後，約翰意識到，他不願意接受岳母，根本的原因是自己隱藏的渴望。這樣的渴望與現實對抗，讓他頭痛又不滿。但瑪麗永遠都不可能像他媽媽那樣。瑪麗就是瑪麗。

顧慮

約翰擔心，自己如果一直生氣，又一直無法與瑪麗好好相處，會讓他跟妻子不和。雖然他對瑪麗很不滿，但他一點都不希望岳母造成他和莫琳的關係不和睦。

權威和標準

約翰意識到自己感覺無能為力。他在探索權力問題時，注意到自己在這次的狀況，讓瑪麗有權力為所欲為。當他明白是自己讓瑪麗為所欲為，把他家當自己家，搞到他快發瘋的那一刻，他頓悟了。當他開始處理自己的屈從時，也開始想知道自己能有什麼改變。他要怎麼樣才能與瑪麗好好相處，不要讓自己情緒失控？他能不能跟莫琳討論一下，設下一些規則（標準），規範瑪麗的探訪？他要怎麼做才能掌握自己吃飯和看電視方面的權威？

約翰請莫琳坐下來，好跟她談談自己的想法。他告訴莫琳自己一直在努力處理自己的故事，以及他無名的怒火是如何讓瑪麗有能力弄壞他們家的氣氛。他問莫琳，他們能不能針對瑪麗每次的探訪制定一些新規則。莫琳鬆了一口氣，因為她終於有機會可以跟約翰開誠布公地好好談談。她承認她也很沮喪，而且她開始覺得這段岳母跟女婿的關係大概注定無望，她感到屈從。兩人一起集思廣益，思考要如何改變模式。約翰建議限制瑪麗來探訪的時間。莫琳則建議他們告訴瑪麗，他們家有幾個小時的電視時

間，是沒有商量餘地的。兩人都同意要更直接地面對瑪麗，也要更即時地跟瑪麗說明自己的顧慮，同時在氣氛變糟的時候相互支援（標準）。他們想出一個信號（把雙手放在頭頂上），好提醒對方要說出意見或冷靜一下。這次對話幫助約翰和莫琳更有覺知、心情更放鬆、關係更緊密、也更有希望。

○　○

　　人生是全套交易（package deal）：福禍相倚。無論我們的地位、財富、是幸運或不幸，總有些事情會如願，但也會很多事情會挑戰我們和我們的故事。如果我們能夠接受生活中種種挑戰，我們就比較能夠用更有創意的方式處理我們遇到的問題和衝突。

練習

- 一天中，留意自己大腦的左右半腦。你什麼時候感覺理性、堅定和專注？你什麼時候感覺自己會順其自然，可以用有創意的方式表達自己，讓事情發展下去？哪個感覺比較自然？二者都很有用，而且相輔相成。

- 找一本情商的書來讀。丹尼爾·高曼（Daniel Goleman）的《EQ》（情緒智商）是不錯的起點。留意自己在生活哪些領域會意識到自己的情緒，而且還可以成功管理情緒，再留意自己的情緒碰到哪些領域會很容易被觸動。如果想瞭解自己在情商光譜上處於哪個位置，網路上有一些滿容易找到的線上測驗。

- 留意，但不帶批判，自己覺得屈從時會有什麼樣的小跡象（無望，沒有好奇心）？在什麼樣的情況下、碰到什麼樣的人或事件，會觸發這種屈從的情緒？

- 開始注意自己的感受有什麼細微的變化，如此一來，你就可以更細緻地調整自己的情緒。這種作法可以增加我們的情感天線，讓我們更能理解和同情他人和自己。

- 閱讀一些你從來不碰的主題，挑戰自己的界線、測試你的標準或要求自己的思考要跳脫框架。

- 練習變換自己的步調，把自己的心態改為思考「可能會有什麼發展」。讓自己想像各種可能性，不要先入為主。做出這樣的轉變時，你有什麼感覺？

- 如果你不喜歡當下正在發生的事，留意你會用什麼小技巧來對抗現實。把這些習慣寫下來、承認並接受事實。這對你的心態有什麼影響？

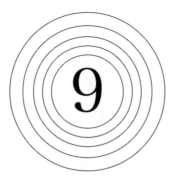

直覺和活在當下

你無法思考何謂存在，你的腦袋也無法理解何謂存在。所謂的存
在就是活在當下。
—— 艾克哈特·托勒（Eckhart Tolle）

我很喜歡量子物理理論不斷擴展我們想像力的方式，並描繪出覺知和注意力在生活中發揮的作用。量子物理的基礎理論之一是，量子態的物體可以同時是波跟粒子。波會擴散，可以同時出現在兩個地方，但粒子一次只會出現在一個地方，並且會沿單一方向行進。但波和粒子會以機率的方式同時存在。就像你把一顆石頭丟進池塘後的水波，量子波會向外擴散，可能性變成愈來愈來寬廣的波，直到它們遭遇某個想法或觀察到的物品。如何測量，以及誰在觀察什麼，會決定觀察者看到什麼。換句話說，觀察者自己的觀察會決定生命會有什麼樣的歷程。

　　我不是量子專家，但我喜歡用量子理論來比喻我們要如何了解和欣賞創造性對話。每個人都是世界的獨特觀察者。我們會透過自己的故事、信念和思維模式觀看、聆聽、體驗世界。當我們擴展自己的想法，擁抱新的可能性時，我們就可以從更多可能性中做出自己的選擇和決定。如果我們只專注要得到某個特定結果，就會對其他可能性視而不見。

　　神經科學才剛剛開始深入了解人類心智的運作，不過現在已經有大量研究支援這個假設：自我意識和覺知有助於讓人表現生命。

　　有趣的是，這些神經科學的概念開始與人類古老的智慧傳統交錯。祈禱、冥想、正念（mindfulness）和瑜伽全都要求自我觀察、沉思、深思熟慮和內省。神經科學測量長期冥想者不同的心理狀態，發現冥想和正念對生理跟心理都有益。包括可以減少焦慮、改善睡眠、改善注意力和更強的幸福感。冥想時，我們會關注自己的內心世界：我們的呼吸，身體的感受，以及腦中盤旋的想法。這種練習可以管理我們的思想、培養自己見證的能力。

　　這些練習讓我們可以有更清楚的意識，讓我們對生活的一切意外都抱持開放和接受的態度。我們可以體驗心流，也就是完全專注於當下的狀態。在此狀態下，我們不會一直想著要做什麼，可以讓身心合一。進入心流狀態的運動員會有奇蹟般的優異表現。藝術家成為偉大根源的表達管道。科學家發現理論、解決困境。而在我們與他人的互動中，如果我們可以專注

於當下、開放心胸，對話就會以自然、相互尊重的交流方式來流動。

有很多著作都談到專注於當下是多麼強而有力。艾克哈特·托勒（Echkart Tolle）的《當下的力量》列出專注於當下的好處和挑戰。我們要如何放鬆，只專注在此時此刻，相信人生的發展？完全專注於當下，就可以讓我們專注此時此地。

正念漫游

生活如此忙碌，所以我們很少會花時間專注於眼前的事物。若能心無旁鶩，專注當下，我們就可以充分享受美好的一天，看到孩子們在公園裡玩耍的喜悅，親人眼中浮現的不安，狗狗對我們無條件的愛。我自己的練習方式是不要有任何預先計劃，到我自己的土地上（兩英畝大，是我們的小小天堂），以開放心胸面對可能會出現的任何事物。很多事會發生。我不需要刻意努力，就會發現有事情需要我注意，我也會因此注意到這些事。雜草得拔掉。有一棵樹倒下了，可以砍好準備明年要用的柴火。這個時間好像挺適合修剪灌木叢。或是我很愛鬧脾氣的電鋸又動不了，得修理一下。這些經歷都需要學會放手，學會相信生活，才能在那一刻體驗生命流動的滋味。

另外，這麼多年來，我也注意自己的直覺變得更細膩。當我專注於當下，會聽到很小聲的低語，*你是不是把什麼東西留*

在飯店房間裡面了？或是，你一直不想撥的那通電話，現在是時候了。或者，你今天要把很難寫的那章寫出來。就在上週，我們遭遇一場大風暴。我醒過來時，很擔心離臥室窗戶20英尺遠的那棵橡樹會倒，因為它就在我的新卡車旁邊。我沒有聽從自己的直覺，第二天早上，我妻子往窗外一看，就看到樹已經橫倒在我的卡車上。噢！早知道就聽從自己的直覺啊！

　　我們如果在高壓的交流中傾聽自己的直覺（通常是我們私底下的想法），就可以從中發現寶藏。我覺得這個決定可能會適得其反。或是，我的直覺告訴我要把話說出口，不然這種行為會永無休止。又或者，我真的很希望團隊有這些新電腦可用，但現在可能不是花這種錢的最佳時機。壓抑直覺——不管是讓我們害怕或對我們有益——會讓我們錯失機會。

大動作搬家

　　和家人一起住在倫敦的海瑟有機會到矽谷一家知名科技公司擔任主管。海瑟跟丈夫以及兩個孩子針對換學校、文化上的不同、朋友和親戚等問題進行了好幾次掏心掏肺的對話後，全家都同意從英國搬到美國。搬家之舉需要花時間，除了要處理很多文件跟程序，同時也要有更多對話和調整。

　　經過幾個月，一家人都安頓下來，海瑟也全心投入工作六個月。但情況似乎並不像海瑟原先預測的那麼美好。她似乎對

自己做了錯誤決定而感到無奈。

海瑟的直屬上司是執行長羅伯特。她沒多久就覺得自己遭遇難以置信的挑戰。開會時，羅伯特似乎永遠都有正確答案，從不聆聽，且永遠都要辯贏，時常動不動推翻她的決定。她的職位換了好幾次，每換一次，她承擔的責任就愈來愈少。她花了那麼大功夫把全家搬到美國，所以她很生氣，因為執行長是個混蛋，而且她還無法領導自己的團隊。海瑟沒有注意到。她內心的聲音告訴她快逃離這瘋狂的一切，但她對改變的恐懼叫得更大聲。

跟海瑟合作的過程中，我對她的直覺很好奇，所以我請她探索四個問題並且認可自己的直覺。

海瑟的四個問題：

- 我有什麼渴望？
  - 我最想要的是一份穩定的工作，這份工作符合我的價值觀，讓我要善用智力。我的直覺告訴我應該要先休息一下，再繼續前進。
  - 我太害怕換工作，讓我無法想像其他可能性。我無法想像會有不同的未來。
- 我有什麼顧慮？
  - 我最擔心的是全家人的未來。
  - 我很內疚，讓全家人搬過來，也很擔心又得再面對改變。

　　　　■ 我擔心換工作會讓我履歷不太好看。

　　・我有哪些標準？這些標準如何影響我的觀點？

　　　　■ 我對優異的標準和老闆的標準之間有很大的差距。

　　　　■ 我對優秀領導者的標準是要大家達到設定的高標準，
　　　　　以有創意的方式解決問題，並指導他們做到最好。

　　　　■ 我的新老闆只會責備跟羞辱員工，跟我的預期完全相
　　　　　反。

　　　　■ 我的直覺告訴我，這個組織永遠無法達到我的標準。

　　・這次的情況出現哪些權威或權力問題？

　　　　■ 我在不知不覺之間，讓老闆的行為影響我的感受。我
　　　　　有時候真的很想對他大發脾氣。

　　　　■ 我承認老闆讓我覺得膽怯，而且我很害怕丟掉工作。
　　　　　我的直覺告訴我，要和家人好好談談，再決定怎麼做
　　　　　最好。

　　利用四個問題來調查自己的想法和直覺後，海瑟的想法變得比較積極，也開始懷抱希望。她的恐懼被內心的聲音取代，告訴她，她可以滿足自己的渴望，保持自己的標準，家人也會支持她。從一開始感覺自己陷入困境，無可奈何，到最後會自己或跟丈夫一起散步思考自己未來。丈夫提醒海瑟，以她的才能，一定會有很多人想聘她，而且矽谷人本來就常換工作。海瑟接受現實狀況後，情緒也改變了。她決定與一位值得信賴的同事，以及一位頂尖的招聘人員談談。當她開始想像新的可能

性，機會也開始出現。兩個月內，海瑟就在成功的新創公司找到更好的職位，而且公司領導團隊確有實績。

○　○

在創造性對話中，最難的一課就是放棄控制。我們都很習慣要行動、行動、再行動，相信如果我們夠努力，就可以控制我們遭遇到的一切。韋恩‧利克爾曼（Wayne Liquorman）是我其中一位老師。他曾教過我一個比喻，讓我一直謹記在心。你記不記得自己小時候，參加嘉年華活動，可以駕駛消防車、美式老車（hot rod）或火車？看著孩子玩得開心會讓人感到愉快和有趣，也會讓我們回想起過去的經歷。孩子們開消防車，玩得超開心。但我們也很清楚，他們的方向盤沒有接到車子。這一切，不管是過去，還是現在，都只是錯覺。

韋恩的觀點跟拜倫‧凱堤（Byron Katie）提出的歸誰管問題有異曲同工之妙。這些觀點都邀請我們要務實面對自己可以控制什麼，又無法控制什麼。**生活中發生哪些我沒有注意到的事？生活就是如此錯綜複雜，有哪些是我無能為力的事？我的期望跟實際情況有什麼差異？**

我開始練習留意自己的期望和現實生活之間的差距後，注意到我虛幻的方向盤並不像我想像的那樣連到生活。生活有時如我所願，但也經常會發生讓我意想不到的事。我們可以抗爭，可以設法維持自己對控制的追求，又或者，我們可以接受生活中發生

的一切，專注於當下，順其自然。

約翰・藍濃（John Lennon）的經典歌詞：「人生就是你在忙著想其他計畫時，發生在你周遭的一切。」對於許多人來說，這帖藥可能難以下咽。我們以為自己已經規劃好未來要做什麼，但再好的規劃碰到生活都可能要打掉重來。生活的一切，是各種事件用難以理解的方式展開，再串連成複雜的懸疑片。方向盤的比喻提醒我們，當我們在日常生活中試圖與事實和現實對抗時，應該要更有覺知。《寧靜禱文》裡面提到：「主啊！求祢賜我寧靜，接受我無法改變的一切；求祢賜我勇氣，改變我能改變的一切；並賜我智慧，可以分辨二者的差異。」

當我們的期望與現實相符，我們會覺得生活舒適自在，但當我們很難接受我們不喜歡的一切，也會覺得生活很艱難。碰到自在的好日子，我們可以活在當下。當一切不盡人意，我們可以保持冷靜，帶著好奇心，用探索可能性的心態見證自己的想法。

創造性對話要求每個人探索自己會因為哪些思考模式跟干擾而不斷想跟現實對抗。我們先從故事開始，改善自己開放型主張和提問的能力，以便活在當下，並以開放心態面對新的可能性。

練習

- 嘗試冥想、祈禱和瑜伽。留意這些練習如何改善讓你專注於當下的能力，以及正念的能力。

- 嘗試一些沒事先規劃的活動。開始整理花園、打掃、煮飯、跳舞、寫作、畫畫、播放音樂等等。放鬆，享受當下，享受這個活動，順其自然。當你放手，不再試圖控制一切，沒有計劃地活在當下，留意一下你有什麼感覺。

- 留意在你碰到不同情況時，專注當下的程度如何。在職場或在家中，什麼時候要專注於當下變得很容易或很困難？碰到哪些情況，會讓你很難專注於當下？

- 留意你在生活未按計劃進行時的反應。碰到這種時候，你會有什麼樣的反應模式？你會對抗現實嗎？你會不會試圖控制一些不在你掌控之內的事物？

共同創造對話

> 創意是會傳染的。把創意傳下去。
>
> ——阿爾伯特・愛因斯坦（Albert Einstein）

可能性的對話會在與他人對談時變得生動。我們可以從左/右腦的夥伴關係開始發想，探索與他人合作和共同創造時，有哪些好處和阻礙。跟我們先前談到對話觀點時一樣，我們要來探索共同創造對話的陷阱，以及可以讓共同創造對話更有效的技巧。

談到跟他人互動，為了解決問題，不管是工作相關或個人問題，我們最常用的方法是「我們來討論一下」。討論（discussion）一詞源自古拉丁文的dis（分開）＋ quatere（搖），跟concussion（腦震盪）及percussion（撞擊）有相同的字根，代表「打擊」或「分開」。我們認為討論可以讓我們敲出很多想法，以做決定。我們談到對話中的觀點時，學到如

果來開會的每個人都有自己的觀點要談，準備捍衛自己的立場到最後，那麼傾聽就會失敗。練習開放型主張和提問能幫助我們成為更好的聆聽者，考量其他人的觀點，讓我們的對話做好準備，進行更有創意、更開放的探索。

對談是一種很獨特的對話工具，與一般典型的對話截然不同。大衛‧波姆（David Bohm, 1917-1992）是一位理論物理學家，他大力宣揚此類對話。對談（dialogue）一詞源於希臘語的dial（通過）和logos（詞或含義）。對談的對話過程跟我們想的討論完全不同。對談時，我們要有意識地暫停自己的假設和批判，才能更深入聆聽。我在輔導他人時體會到，不帶評判的聆聽，會創造出讓人在情感上覺得安全的空間。在這個空間中，堅定不移的立場會動搖，更寬容的情緒會出現，創意也可以神奇地冒出來。我們若能暫時放下自己的信念：揭露我們的故事、情緒和事實；問四個問題，我們的腦袋就會打開，把看似不可能完全無關的點連起來，讓原本無法預見的解決方案出現。雖然對談、開放型主張和提問都很困難，卻是讓創造性對話可以成功出現的關鍵步驟。我們很難拋下成見和評判，但不管是在職場還是在家，共同創造的樂趣會讓個人跟所有人都很開心。

音樂製作就是合作與共同創造建立夥伴關係的好例子。經驗豐富的音樂家演奏、聆聽、互動、融合和同步。不管有沒有樂譜、有沒有計劃，音樂家共同創造的音樂成果會遠遠超過個別創作的結果。所有人同步時，音樂看起來、聽起來都很容易。演奏時，音樂家們專注於當下，傾聽其他音樂家的樂音，

感受樂器、整體的互動、節奏和情緒。看起來毫不費力的東西
實際上是深層同步的結果——頭腦、耳朵、心和手一起創造合
作、共同創造的交響樂。

　　我們要如何才能像音樂家一樣專注於聆聽、合作和創作？
我們要如何同時運用左右半腦成功共同創造？從故事到合作，
我們從以自我爲中心的溝通模式轉向更包容的交流模式，邀請
同事、下屬、家人和朋友進行廣泛的探索式對話。在四個問題
中，權威很有可能會壓制創造性對話。找回自己的聲音或讓大
家可以聽到其他人的心聲是關鍵，可以創造具有感染力又能鼓
舞人心的共同創造對話。

○　○

　　我曾經輔導過一家汽車公司。在該公司傳播團隊副總裁
麥可退休之後，公共事務副總裁瑞貝卡獲得任命，要管理傳播
團隊。擔任這個職位幾個月後，瑞貝卡爲團隊設定了新目標，
但同時這個新團隊也讓她感到很受挫、很擔心。她深信這個團
隊有實力，但她不確定爲什麼團隊感覺分崩離析、沒有活力。
她的直覺告訴她事情不太對勁，所以她請我在她不在場的情況
下，與團隊成員坐下來，好好談談他們的情況。我同意了，但
我也要求這些對話必須保密。我會跟她報告會議中出現的共同
主題和重點。我不會提到任何人的名字，也不會告訴她是誰說
那些話。她同意了，所以我就邀請團隊成員來跟我會面。

以下是那次對話的縮減版，會議上有八個人：

我：謝謝各位同意今天跟我碰面。瑞貝卡要求我在完全保
　　密的情況下與你們開會，好了解各位對團隊現狀的想
　　法和感受。

[一陣沉默]

我：我剛剛說會保密的意思是：我會傾聽各位的想法、感
　　受和想法跟看法，在我們的對話中收集重要的主題。
　　我會跟瑞貝卡彙報這些主題，對團隊現況的評估，以
　　及為了達到她的目標，需要一個計畫來做出積極、可
　　持續的改變。我不會引用任何人的名字或說的話，只
　　會簡要說明大家的想法和現況。我的評估會提供給瑞
　　貝卡跟各位。我希望讓這裡成為一個安全的空間，讓
　　我們可以開誠布公交談。有人想先談談他們對現狀有
　　什麼期望或擔憂嗎？

貝莉：我很喜歡這份工作。我們過去一整年都拼命工作，
　　但麥可一直很嚴厲。我們現在還沒恢復元氣。我猜瑞
　　貝卡大概有發現，不過我很樂意和她一起解決這個問
　　題。

我：你所謂的嚴厲是指什麼？

泰莉：我們怎麼做，他都不滿意。我們簡報的時候，他經
　　常反駁我們的想法，要求我們重新討論。他不喜歡

宣傳活動的定調或概念，而且會動不動就說：「我絕對不可能讓同事們看到這個。他們一定會大肆批評我。」

貝莉：但好笑的是，開會的時候他都也會猛烈抨擊同事，說他們完全不懂我們的工作，也搞不清楚良好的傳播可以有什麼成果。

我：那你們對他的行為有什麼反應？

卡蘿：我好幾次想跟他一對一好好談談，好弄清楚他對我們的期望或是明年的目標。他都說，傳播就是一個不斷移動的目標，我們必須快速行動，且戰且走。其實都是麥可的關係。他不肯承擔責任，時不時抱怨同事或老闆不相信他能好好做事。

泰莉：過去一年真的很慘。我們每個人都會完成自己獨立的工作——寫作、設計社群媒體宣傳活動、拍影片等等。但麥可動不動就生氣，所以大家的士氣真的處於歷史最低。

我：我很遺憾聽到這樣的消息。去年我輔導麥可的時候，確實也對他的風格有點了解。所以接下來，我想問問大家：你們想要什麼？你們有哪些大家都有共識的目標？大家怎麼看瑞貝卡的新計劃？

泰莉：我喜歡她明年的計劃。但我們得先花時間恢復，才能再與團隊一起合作。

[很多人點頭。]

卡蘿：這對瑞貝卡來說，真的很艱難。我們都很尊敬她，
　　　但我們需要重新調整開會的氣氛和團隊互動。之前在
　　　麥可底下工作，我們都不敢提什麼意見，因為說不定
　　　會被公開砍頭。我想這樣的恐懼到現在還讓我們無法
　　　動彈。

我：好的，所以各位的意思是，大家的工作能力，和用團
　　隊形式一起發光發熱的能力，目前處於歷史最低點。
　　但你們還是想一起工作，也願意和瑞貝卡一起重新開
　　始。對嗎？

[很多人點頭。]

我：好的，那我們一起到白板前面，看看大家有什麼想
　　法。有什麼樣的可能性？什麼樣的團隊文化會讓你們
　　成為更好的團隊？各位的工作會有什麼樣的互動聯
　　繫？要怎麼樣才能讓大家合作更順利？什麼樣的領導
　　者可以支援各位，讓你們拿出最好的工作成果？如果
　　明天不一樣，那會是什麼樣的不一樣？

我們分成兩組吧。每組都有一塊白板。首先，請各位在小
　　組內部花二十分鐘討論這些問題。再來，要請大家用
　　繪圖或製作圖表的方式回答每個問題，讓我們可以看
　　到所有的答案放在一起是什麼樣貌。

我給每組很多枝彩色麥克筆，然後開始計時。我聽到很多人嘆息。

泰莉：只能用圖？
我：對，但我們不是在比誰畫的圖比較好看。大家都知道
　　怎麼畫畫火柴人、山、日出。我希望各位可以跳脫目
　　前的想法，思考還有什麼其他的可能。未來會是什麼
　　狀態才能讓大家一起成爲一流的傳播團隊？

我看著團隊開始行動，現場的能量慢慢恢復，經過二十分鐘的對談後，大家開始畫畫。在兩組畫圖呈現全新想法的同時，他們也笑出聲來。

四十五分鐘後，兩組都畫好一張圖，要與另一組分享。兩組的方向很不一樣。一組將自己的任務畫成一道彩虹，各人的不同職務則是彩虹橋下的雲朵。他們用線條粗細來呈現相互之間的連結或無連結。另一組把明年的旅程畫成一張曲折蜿蜒的路線圖。沿路擺了路標，例如「團隊合作」、「召開重要會議」、「暢所欲言的安全區」、「暫停，決定前先問問題」和「要相互支持，瑞貝卡也是我們的一員！」

兩組回到團隊後，我請他們綜合未來的兩個版本。那次的對話是合作性與創造性的對話。他們把任務導向，點連結成線的圖，結合了怎麼合作才行的文化觀點。他們很興奮。這是一整年來，他們第一次覺得充滿希望。

我們接著列出要推動這些新想法，他們可以做的六件事。

1. 與我和瑞貝卡會面，展示他們的圖片、討論他們的想法。
2. 要求跟瑞貝卡開個會，針對今年的任務跟策略達成共識。
3. 跟瑞貝卡合作，一起恢復團隊的互動，並針對一些文化規範達成共識。
4. 每位主管都會針對自己的工作提供新簡報，說明要如何跟其他部門有更好的連繫互動。
5. 和瑞貝卡跟我一起重新思考會議的結構和節奏（我經常會擔心會議失能）。
6. 讓瑞貝卡重新啓動過去被麥可廢除的一對一會面。

這次會議非常成功。未來還有很多辛苦的工作要完成，但他們產生的想法已經給了他們很好的開端，可以改變原來失能的模式，提振大家的士氣。

與其他對話一樣，我們用四個問題來引導。我們找出哪些期望、顧慮、權威問題或標準？我們能不能邀請其他人一起對談，探索不太明顯的創意？我們能不能消除權力的影響，找到自己的聲音，邀請大家一起發聲，參與對話、探索可能性？安東尼奧和珍，以及羅伯特和艾倫之間的對話最終未找出解決方法，因為微妙的權力影響意味著沒有人可以安全地說出自己的想法。他們的對話停留在故事層面，沒有讓對話進入合作階段──更別說什麼創造性對話了。

不管是在董事會還是自家客廳，我們都需要認知到權威問題——也是歧視、心胸狹窄和偏見的根源——會在大家各有分歧的背景下更具影響力，並且藉著鼓勵安全、開放心胸、開放心情的對話來反制未受約束的權威。

大輪與小輪

幾年前，我曾經與一家汽車公司的高級主管共事。我們要去吃午飯的路上，他打趣地看著公司推出的的一款車，大聲問道：「不知道Riatta如果變粉紅色，會長什麼樣子？」（按：Riatta為汽車品牌別克所出的車款）幾個月後，他依照行事曆來到公司的祕密設計室，他在現場看到粉紅色的Riatta！整台車從裡到外：粉紅色皮革、粉紅色輪胎、粉紅色方向盤、粉紅色車身。他當下整個愣住。這是怎麼回事？他沒有要求員工設計這個啊。他無意間打趣的話帶來失控的結果。環環相扣的結果就是他的公司最終製造出一輛粉紅色的汽車。這位主管把這個現象命名為「大輪與小輪」理論。

位高權重的領導者（也就是大輪子），隨便說了個評論，下一階的輪子就開始轉動，再接著下一個和下一個，直到工匠開始拼了命製造出粉紅色的汽車零件。沒有人真的問過這位領導者，他是不是真的想看到粉紅色汽車。沒有人想到要問他：「你是認真的嗎？我們可不可以給你設計圖？可不可以先做出

一個模型？」沒有人質疑他的權威。無人置疑的權威壓制了所有人的聲音，代價就是好幾萬美元。如果有人可以跟這位權威人物提出幾個好問題，就可以省下一大筆錢。

在我為了讀建築搬到波士頓的例子中，很多人都說我一定無法達成目標，讓我陷入兩難。相信我的親人與同事，還有質疑我的朋友，都會影響我的決定。幸好，當時我的直覺已經夠強，加上未知的吸引力，這些質疑的聲音就被蓋過去了。找到我自己的聲音是很寶貴的一課，它讓我可以認可並且主張我自己的力量。

權威人士（例如老闆、家長、老師、隊長、教練）很容易相信自己的話只是在場眾多觀點的其中之一。他們會認為他們也只是跟其他人一樣陳述自己的觀點，表達自己的想法。但當你肩上掛的勳章愈多，人們對我們所說的一字一句都就會愈重視。我在工作上，會用「十的力量」來譬喻。一般來說，一句話如果來自自己的領袖，訊息的聽者/接收者對這個訊息的重視程度就會增加到十倍。這是無意識，也非刻意的結果，但卻會影響大多數的互動。身為家長、領導者或朋友，我們很容易會忘記自己說出口的話和舉手投足帶有多少分量。我前面提到「還不像個男人」的故事，當時聽到這樣的話，我不自覺就認定這些話確有道理。因為十的力量，反駁的觀點會靜默，提問感覺不太安全，也不會有人考慮有創意的可能性。任何領導者都可以練習接受等級制度中固有權力不平衡的情況，並且改變自己的風格，有意識地鼓勵讓大家感覺安全的對話。安全的文

化會帶來更明智的團隊和家庭。

　　不久前，大部分美國人的生活都是不自覺地遵循當地社區的權威、規則和儀式。社區的界限和標準很明確，大家共同的道德觀也非常明顯。對錯分明。這些社會規範有其價值，但隨著我們逐漸成為全球社群，我們開始接觸不同觀念，大家對平等、治理、教育、婚姻、宗教等方面的觀念或有不同。因為不同的社群會有不同的標準，要堅持自己社群的故事就愈來愈困難。

　　要說明文化和社會規範如何演變，#MeToo運動就是個完美的例子。幾千年來，男性一直濫用權力在情感上或性方面虐待女性。這種權力互動一向不公平，也不健康，但在大部分的領域，這種濫用權力的情況都沒有改善。隨著生活的演進、文化規範的轉變，個人和群體勇敢發聲、公開點名，並拒絕接受舊標準。我們看到性別意識上出現重大轉變。人們拒絕貶低和侮辱的模式，制定新的規範和標準。

　　科技進步是21世紀對人類文化演進的貢獻。而演進是全套交易。隨著人類意識不斷演化，反應也會相當強烈：基於恐懼的拒絕、反駁和暴力相向。對很多人來說，阻擋不了的改變是非常可怕的。*這對我來帶來什麼影響？我要怎麼確保資訊安全？*要回應這些恐懼，最明智的作法就是對變化保持開放態度，同時充分意識到新科技帶來的益處和危險。我們可以問問自己這些問題：我們需要制定哪些新標準來保護一般民眾？我們要如何應用這些進步的科技幫助我們的社群？文化和社會會有什麼變化，我們又要如何影響和調適？

　　不管是對家庭、對工作，或是對國家來說，我們如果能學會欣賞世界的矛盾和複雜時，我們就會成為更有意識的社群參與者。慢慢地，隨著愈來愈多人覺醒，文化和社會規範都可能會重新調整。這條路崎嶇不平，但我希望寬容、開放心胸、創意和見聞廣博的人民能夠獲勝。

　　解放我們的創意，是下一場對話的前提：承諾。

練習

- 練習在家或在職場有目的地參與對話，探索各種可能性。無論主題是什麼，都允許自己跳脫目前的框架，無所限制地想像。哪些顧慮、期望或標準或許可以幫助你探索自己故事之外的事物？在這個過程中，要特別留意不要評判，因為評判會壓制創意。

- 開會或討論時，留意自己的注意力。你的想法是否是以自我為中心？嘗試有意識地把你的注意力放在他人身上，擴展你的想法和創意。

- 留意在家跟在職場上，權威問題在哪些情況下會阻礙大家探索可能性。誰會讓大家話講不太下去？你可以做些什麼來鼓勵創造性對話？

- 碰到變化，你會有什麼樣的反應？面對科技、決策或無法控制的事件，留意你會有什麼反應，練習專注於尋找有創意的解決方案。

第四部分

承諾性的對話

不要提出自己無法兌現的承諾

對話繞道

語言讓每個人面對相同的陷阱；
這個巨大網路會讓人動不動轉錯方向。
——路德維希・維根斯坦（Ludwig Wittgenstein），
澳大利亞出身的英國心靈和語言哲學家

在這一章中，我們將深入探討日常承諾在工作和家庭生活中扮演什麼關鍵角色。我們每天對自己還有對其他人做出的承諾、簽署的協議、花在協調上的時間都會影響我們的日常生活、計劃和未來。我們會探索協議如何運作，爲何失敗，以及如何在協議不果時補救。

我在導論中曾經寫道，「我們生活在對話中，就像魚生活在水中一樣。」承諾性對話已經融入我們的日常生活，所以我們常常不假思索就給出承諾。有些承諾很明顯，有些很細微，有些很重要，有些很基本。**我今天就要辭掉這份該死的工作。**

今天下午的會議要把預算搞定。如果我們達成協議，我就會簽署協議書。我們今天分別去接孩子放學。我再也不會相信他了。承諾可能會失敗，也可能會成功。我可能會，也可能不會辭職。會議可能很快就會偏離正軌。我可能沒辦法去學校接孩子。協議可能會出現變數。我可能會後悔沒有相信他。我們如果用自動導航的形式給出承諾，最後的結果可能好壞參半，而且我們完全沒有意識到這些承諾是如何影響我們整體的生活。

借助四個問題，我們要來解構承諾性對話有多麼複雜，讓我們懂得如何理解和駕馭承諾性對話。我們做出的承諾會呈現我們的渴望、我們對權威的質疑、我們說出口以及未說出口的顧慮，而且這些承諾是我們衡量成功以及要如何共同創造未來的標準。

我們想都沒想地點頭表示同意、握手、給出承諾，在虛線上簽名，無論在家或在工作中都是這樣。就這樣，我們承諾要跟其他人協調一起行動。我們同意要準時完成報告，要建立新的合作夥伴關係，要辭掉工作，要洗碗，要去倒垃圾，要為晚餐約會做準備，或是要在放假前減重十五英磅。我們在自動導航的模式下，同意要做我們根本不想做的事情，反而沒去做我們同意要做的其他事情。我們會說，「沒問題，不用擔心。我會處理」，或是，「好吧，那我們就這麼做」，但在此同時，心中的私下對話卻說，*該死的，我真的得要這樣做嗎？*

與他人協調一起行動，是我們的關係、企業、社群和國家的基礎。對於我們如何工作、娛樂，以及如何建立彼此信任，

承諾性對話至關重要。假設我說，「沒問題，我付你100美元，請你幫我編輯我的提案」，你也同意了，那我們兩個人的未來都會受到這個承諾的結果影響。我付給你的100美元可以讓你做一些本來可能做不到的事。我們做出且遵守的承諾不僅會建立讓我們協調行動的連結，也會決定我們的未來。

　　我們給出承諾或違背承諾的情況，其實代表了我們的誠信和信任。信守的諾言讓我們得知我們可以信任這個跟我們建立協議的人。啊，蘇珊做得真好。她會遵守承諾。或者，我好驚訝，孩子們居然準時把工作做完。下次我不會再懷疑他們了。

　　反之，我們都曾經歷過沒有兌現承諾帶來的痛苦和壓力。我上午九點前一定得拿到這份報告。這個人辦不到啦。他真的很沒用。或是，我怎麼老是分擔那麼多工作。去她的！她在利用我。承諾沒有兌現會播下不信任的種子，讓人開始指責和批評。

　　前面提到的其他對話都是為了實踐這個最後的對話鋪路。正如我在導論中所說，承諾對話是行動的對話。我們的工作就是要努力工作、完成工作、達到目標。在業務之外，我們也會互相協調，彼此照顧，一起建設社群，並藉此建立關係。承諾性對話跟說故事的對話是天生一對。我們喜歡我們的故事，我們也喜歡採取行動。「我超愛這項專案。我們一定會順利完成。」或「我覺得，再說也是徒勞無功。我們還是趕快做出決定，開始動手吧。」

　　但，這兩種對話之間舒適的夥伴關係有個很大的毛病。若是我們對自己的故事深信不疑，或成為群體迷思的受害者，讓

某些人的聲音強勢主導，我們有可能會在對話時發生我所謂的繞道情形，聽起來像這樣：

「我們趕快開始吧。」

「這件事實在拖太久了！我只想要趕快行動。」

「對啊，我們之前也碰過這個問題。」

「維尼特人不在。我們先開始吧，他還在老闆那邊。反正我們做出任何決定，他都會同意的。」

「這個很簡單。大家都同意要怎麼解決，沒錯吧？」

「好哦。我會把時間表弄出來，今天晚上寄給大家。」

在這短短的對話中，與會者急著趕快開始工作，沒有考慮其他觀點、可能性或解決方案。他們從說故事快速轉向承諾，還認定大家已經都知道要做什麼。有的時候，我們確實有必要快速做出決策，但以這個例子來看，事實證明維尼特有很重要的資訊，但這些資訊兩週後才被搬上檯面。大家做出的決定必須打掉重來，過去兩週的工作直接作廢。多一點有意識的努力，再多用個三十分鐘，可能就可以讓他們避免做出錯誤的決定。

第10章中「大輪與小輪」就是對話繞道（conversation bypass）很好的例子。老闆戴夫隨口問道：「不知道Riatta如果變粉紅色，會長什麼樣子？」沒有任何一位主管提出問題或提出他們的顧慮。沒有人回說，「戴夫，我們先畫出來看看，或是先做個模型怎麼樣？」他們為什麼不問這樣的問題？權威、時間壓

力、缺乏鼓勵開放型提問的環境，還有對採取行動上癮。

　　處在自動導航狀態的我們太容易快速給承諾，快速做決定，跳過合作性對話和創造性對話的過程。我在商業會議、家庭會議和社區會議上看過無數次這種太急就章的行為。造成對話繞道的常見原因包括群體迷思、有人過於自大、外向人士太過強勢，內向人士無從發聲，以及權威失衡。

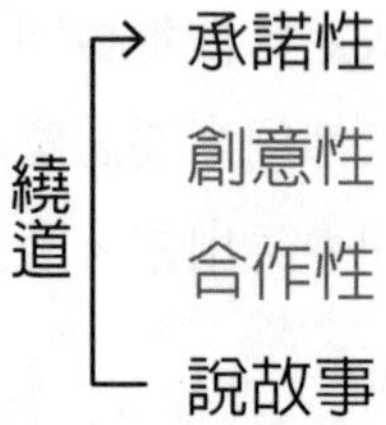

承諾性
創意性
合作性
說故事

繞道

圖片 8：對話繞道

　　在職場與家跳過合作性對話和創造性對話會：

- 減少理解。
- 鼓勵以階級制度為主、不平衡的決策過程。
- 不鼓勵傾聽。
- 允許成見、限制探索。
- 縮小探索其他想法的範圍。
- 讓人無法跳脫框架，盡情探索。
- 增加快速但觀點狹隘的決策。

　　要意識到繞道的情況，刻意完整執行四種對話是重要的第一步。問四個問題也可以幫助我們檢核，確認有沒有什麼因素催促我們採取行動。未經探索的渴望會驅使我們快速做出評判，我們的顧慮會讓我們不停擔心，倉促採取沒必要的行動，權力失衡會使我們匆促做出決定，而我們的標準則會讓我們的思考變得狹隘，限制我們的決定。

　　我數不清自己有過多少次因為處於自動導航模式而匆促做出決定。有時候，這些決定很重要，有時候無關緊要，但不管輕重，都會帶來意料之外的後果。我想購買那個閃耀迷人的新玩意，渴望讓我忘記理性思考，所以買完兩個月後就後悔了。我擔心兒子的健康，所以貿然採取行動。我未經審查的標準讓我大肆批評某人提供的服務。

　　我們太過於習慣繞道模式，所以就必須刻意努力避免。我向團隊建議，在做出任何決定前，先花個幾分鐘完成合作和創造性對話時，他們常常會回我說：「這想法不錯，不過我們已經火燒屁股了啊。」留意這種時候，左腦思維如何默默潛入。我們沒什麼時間了。我們不能拖到時間。

　　我們做出的決定，以及相對應的行動都會帶來後果。不需多久，受到繞路影響的團隊或家庭就會發現自己做出的不明智決定會有什麼後果。我們都曾經倉促做出決定，然後在幾天後才發現我們沒有真的了解問題根源，沒有好好檢視自己的想法，又或者我們會在情緒激動的時候匆促做出決定。匆促決定後，要打掉重來需要花多少時間、金錢和資源？我的觀點是我

們反而不能不好好花時間思考。我會建議團隊和家庭花時間刻意開始進行合作和創造性對話，以避免匆促決定。

　　要說明對話繞道會帶來什麼悲慘下場，我們可以再次拿政壇來舉例。在國會大廳裡，大家都無法理解或欣賞合作和創造性對話。為了追求權力，許多政治人物都不考慮妥協，也不認為找出共通處有何價值。大部分的政治都受到狹隘觀點劫持。碰到重大議題，充滿不實訊息與自私心理的可怕對話已經取代實質對話。沒有人專注於對話和妥協，對立的各方只是不斷攻擊對手的立場，證明自己的觀點並贏得勝利。在觀點分歧的政治中，人們很少或根本沒有興趣針對事實達成共識、有建設性有成效地討論分歧，或探索想法。顧慮被棄置一旁，標準不能調整，什麼重大問題都無法解決。大家迴避事實，競爭取代妥協。

　　要看人們根深蒂固的立場如何阻礙進步，有個好例子就是數十年來持續難解的美國移民政策。我們有很多與移民有關的事實。研究表明，無證移民約佔美國人口的3%，其中很多人都有工作。但因為目前國內反移民氣氛高漲，大家很容易會忽略這個事實。右翼採取的一些立場是將恐懼帶入對話中心。沒有人依據事實，沒有人看移民史的成功和失敗教訓，反而讓民粹主義和民族主義主導整個對話。如果我們把一群國會議員、參議員和幾位專家隔離起來，讓他們列出事實、探索歷史、考量不同的選項，再找出可持續的選項，那該有多好。想像一下，他們不好好完成工作，我們就拒絕讓他們走出來，會是什麼樣子！

　　山姆大叔（按：Uncle Sam，美國的外號）的情緒如果一直

受到假新聞、另類事實和荒誕陰謀論影響，那美國的社會凝聚力和民主就會面臨危險。政治上的瘋狂不理性和失能，都是人們恐懼社會變動的反應。我相信在政治如此動盪不安的時代，理性和寬容將會獲勝。自文藝復興時代以來，人類的旅程一直是由科學和理性引領，讓我們的社會規範更擴展，更包容。事實至關重要。科學至關重要。理性搭配直覺至關重要。儘管恐懼會讓我們倒退，但整體而言，人類的發展軌跡是往上走的，而引領人類的就是科學發現，以及人們逐漸意識到世界其實相互連結。我很樂觀，相信理性思考、科學關連和有意識的對話會重新浮出水面，贏得勝利。

今天，我在編輯這份手稿時，弗拉迪米爾・普丁（Vladmir Putin）正不分青紅皂白地轟炸烏克蘭人民。兩週前，有誰會想像得到普丁的犯罪行動會用這麼戲劇化的方式喚醒自由世界？烏克蘭人的勇氣和自由世界協調行動，向大家提醒意識的演化終將戰勝邪惡。這段旅程可能會很緩慢，也會很痛苦，但有意識的對話和共同的承諾可以讓我們加快腳步，前往更美好的世界。

在我們如何與全世界連結溝通方面，技術也扮演重要角色。只要有網路，任何人都可以隨時查看全球各地發生的事件。谷歌、臉書、推特、Instagram和電子郵件讓任何人都可以隨時與身處在世界各地的所有人聯繫。就像過去幾次的重大技術革命（例如印刷術、廣播和電視），先進計算機和科技普及正在不斷快速影響我們的社會。這場革命跨越了物理、文化、政治和金融的界線。因為一天24小時都可以看到全球新聞，所

以我們正走在前往單一全球社群的單行道上，而這也會對我們的思想和對話產生深遠的影響。氣候變遷、疫情和經濟不平等都帶來重要訊息。隨著世界因為科技變得愈來愈小，我們也要及時學會如何進行跨國界的對話。企業領袖、宗教領袖、教師和家長應該以跳過對話繞道為目標，刻意進行合作和創造性對話。我們的決定會因此變得更明智。

要打破對話繞道，最好的方式是深入了解承諾性對話有多麼複雜。

練習

- 開會時，看看你是否能看出有哪些人會在自己無意識的情況下進行對話繞道。
- 以領導者或參與者的身份，建議小組刻意花時間分享觀點，進行合作性對話，幫助互相理解，釐清情況。
- 在有益的合作性對話後，刻意轉換方向，留一些時間進行創造性對話。觀察看看，出現哪些過去從來沒人提過的新想法。
- 注意權威人士的聲音如何形成對話繞道。依據情況，鼓勵領導者盡量減少他們的影響，支持多元觀點，並且花一些時間思考各種可能性。

請求、提議和承諾

做出一些小承諾，信守這些承諾。只作指引，不作裁判；只作示
範，不作批評，成為解決方案，不要成為問題。
　　　　　——史蒂芬·柯維（Stephen Covey），
　　　　《與成功有約：高效能人士的七個習慣》作者。

語言學裡有五種基本語步（linguistic move）或言語行為。
說故事的對話探討了五個語步中的前兩個：事實和觀
點。剩下三個都屬於承諾性對話：要求、提議和承諾。

　　與主張及提問的形式類似，承諾性對話也像跳一隻舞，但
舞步不同：

1. 當我們想跟他人協調行動時，我們會先提出要求：
　　「可以請你在星期五前完成報告嗎？」
　　「可以麻煩你跟我一起把我們的新策略寫在白板上嗎？」

「請盡快簽署協議書。」

或提出提議：

「我想引導這次會議。」

「壞消息就讓我來跟大家講吧。」

「我想修改合約內容。」

2. 針對每一個要求或提議，我們可能會給以下任何一個答案回應：

好

不好

提出另一個提議

3. 我們一說不行，舞蹈就終了。沒有達成協議。

4. 我們一說好，舞蹈就開始了。我們建立了協議。

5. 協議會讓事情付諸行動，來實現承諾。

接著我們就會開始工作。一切都很美好。會出什麼問題呢？問題是這種舞蹈比我們所想的更難掌握。人會無法信守承諾，有數不盡的原因（例如，誤會、溝通不良、不夠清楚、想法改變、心意改變）。我們的同事如果沒有好好善盡職責；老闆如果無預警把我們調到另一個部門，生活感覺就沒那麼美好了。

承諾是日常生活中很重要的一部分，所以值得我們更多關注，因爲其他人對我們提出的要求，與我們對世界提出的提議，會影響我們接下來的一小時、一天和一年。作出承諾就等於同意要承擔責任，採取某些行動。承諾不是微不足道的小事，也不該

在自動導航的模式下隨便給予。

○ ○

　　潔奇請她的行政助理弗萊德收集最近一項專案所需的圖像。他們隔天早上要跟執行委員會進行非常重要的簡報。潔奇告訴弗萊德自己想表達哪些具體重點，以及哪些照片很重要。她要求當天下午四點前，要提供至少二十四張不同的投影片。弗萊德問了幾個跟格式以及重要概念有關的問題，確保自己理解。潔奇回答弗萊德提出的問題之後，弗雷德對她豎起了大拇指說：「我會搞定。」

　　弗雷德在期限前一小時就交出三十張精美圖片。潔奇快速看過以後，感謝弗萊德把工作做得很好。這是一次成功的承諾性對話，潔奇和弗萊德之後就沒有再想起這件事。我們每天都要處理很多日常待辦事項，所以感覺這之中的每一項承諾無關緊要。

　　我們如果順利信守承諾，就會覺得信守承諾不費吹灰之力，只是生活的一部分。直到你無法信守承諾。違背的承諾會讓我們開始吵雜、憤怒和失望的私下對話。我們會想，**這一切到底為何會偏離正軌？**

　　我們再把潔奇跟弗萊德的故事重播一遍。在這個版本中，開會快遲到的潔奇衝過弗萊德的辦公桌，告訴弗萊德她今天需要一些簡報用的投影片，隔天早上的報告要用。弗萊德抬起頭，點了點頭，潔奇就衝去開會了。當天下午五點，潔奇開始感到壓力很

大。投影片為什麼還沒寄過來？又不是什麼複雜的事。

　　弗萊德在當晚七點以電子郵件把照片寄過來的時候，潔奇已經氣爆。她的私下對話非常火爆。她檢查這些投影片的時候，私底下的想法是：**他給我遲交，東西還這麼差，不能用在給執行委員會的報告，格式搞錯，而且圖片也不夠。**她很挫折，因為弗萊德沒把工作好好完成。她知道自己得加班到很晚，重新處理這些投影片，晚餐約會還得改期。她對弗萊德很生氣。

　　與此同時，弗萊德認為自己已經順利完成工作，度過愉快的一晚。他不知道潔奇對他的嚴厲批判，也不知道他沒有履行自己做出的承諾。潔奇責怪弗雷德，但卻沒有意識到這次弗雷德沒有遵守承諾，部分原因是因為她丟了話就走。她離開辦公室的時候壓力很大，準備要去喝一杯。

我們盲目的故事和「理所當然」的背景

　　我們自己的故事會讓我們盲目，而承諾性對話特別容易受到這種情況影響。在我們提出要求跟提議的時候，對我們來說，一切都一清二楚、非常合理；但我們沒有意識到自己的想法、信念和成見已經深植於我們提出的每一個要求和提議中。我們的故事不是其他人的故事，但我們會假設其他人的思考方式跟我們一模一樣。對我們顯而易見的事情，對其他人來說並

沒那麼輕而易舉。潔奇認為，所謂的好簡報，要求非常簡單：
既然是要給執行委員會看的簡報，就要有宏觀一點的概述、大
概二十幾張投影片、要用條列式、簡單的圖片再加一點點文字
敘述。要是弗萊德能讀她的心就好了。

多年前一個陽光明媚的星期六，我請兒子幫我處理屋外
的工作。當時他們正在院子裡玩落葉。我告訴他們，如果他們
在我處理工作的時候幫忙把落葉掃乾淨，他們各可以賺五塊美
金。他們都很高興能賺點錢。大約一個小時後我走回來，孩子
們得意揚揚地笑著，準備領錢。（根據我的標準）看起來，他
們做得實在很糟。他們把落葉堆成好幾個雜亂無章的小堆，沒
有清理花團，沒有打掃地下室。我很生氣，也很失望，我也讓
他們知道他們的工作成果很爛。孩子最後都被罵哭了。

這個看似直接了當的要求就是一個典型例子，說明「理所
當然」會怎麼讓我們跌倒。對我來說，要好好完成這個工作，
要求非常明顯。我的標準很簡單：我希望把落葉全部集中在一
起，花壇和地下室打掃乾淨。我完全不必思考好應該長什麼樣
子。我就是知道。孩子則是依據自己的了解完成工作。問題
是：我匆匆忙忙地提出要求，所以導致孩子無法信守承諾，但
我卻指責他們沒有信守承諾完成工作。

我們在職場及在家中與他人協調行動時，會常常出現這種
情況。承諾性對話的舞動速度飛快。我們提出要求，以為自己
的想法跟其他人一模一樣，其他人很快就說好，然後我們就做
出非常可能會失敗的承諾。

圖片9說明整隻舞蹈的過程。

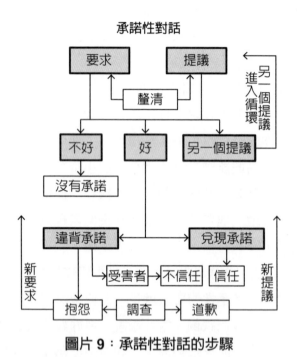

承諾性對話

圖片 9：承諾性對話的步驟

我們來仔細看看這隻舞蹈中的每個舞步。

要求和提議

我們向他人尋求協助、分享資訊、提供觀點或做出決定時，整件事就開始了。不管我們是利用電子郵件、Zoom視訊電話、短訊、信件還是當面開口，我們要達到目標，都要從要求

或提議開始（參見圖片9）。「可以麻煩你編輯這份稿子嗎？」或是，「需要幫你下載文件嗎？」或是，「我想負責您的宣傳活動。可以嗎？」

我們提出的每個要求和提議都會反映我們的情緒、渴望、顧慮和標準有多麼細微、多麼複雜。權威問題也扮演重要角色。所以我們可以用四個問題來更成功地執行第一步：提出要求和提議。

渴望

我們的渴望──我們提出的要求和提議──會包含我們想要以及不想要的未來。在我們與他人協調行動的時候，我們會提出要求或提議，是因為我們希望看到目前還未發生的某件事發生，或者我們想要某個目前沒有的東西。潔奇想要出色的簡報。我想把院子打掃乾淨。國會希望成立一個特別委員會來調查不法行為。每個要求都是為了提供目前缺少的某個事物。

領導者要求自己的團隊追加目標金額時，通常都是出於善意。「我們把明年的捐款數目增加一倍吧。」或是，「考慮到目前的競爭狀況，我們來改造產品線，把效率提高四成吧。」相反的，由權力驅動的渴望，是為了讓別人留下深刻印象，或是為了損害他人利益，它不僅無益，還有破壞力。身而為人，我們碰到人際關係的問題，都會向朋友尋求幫助或建議，我們

會主動幫助有難的鄰居，或制定新年新目標。或者，我們也會對自己提出要求。**我要在三月前減掉十五磅的體重。**留意自己的渴望可以確保我們做出可以實現的承諾——不管是務實的，還是啓發人心的承諾。

顧慮

提出要求或提議的時候，我們的顧慮也在腦海深處盤旋。這些顧慮對我們提出的要求可能很重要，但因爲對我們來說太過理所當然，所以我們會忘記要分享這些顧慮。我要求孩子們打掃落葉的時候，沒有跟他們解釋說落葉腐爛後會對草地和花壇造成損害。潔奇要求弗萊德準備圖片的時候，沒有跟他說自己顧慮的是要如何取得執行委員會的信任。

要讓我們提出的要求得以成功，關鍵在於我們的顧慮。如果他人對我們提出要求，我們可以針對顧慮提出問題。「你對這次會議的簡報有哪些顧慮或考量？」提問是給予堅定承諾時很重要的一步，可以避免失信。

權威

階級制度和權力對承諾性對話會產生重要影響。弗萊德

跟潔奇的例子就說明階級之間的互動如何導致有人草率承諾。作為領導者或父母，我們以為自己只是提出簡單要求，但碰到階級制度（不管是在社會上或在組織中），決策者的要求會有重量。在階級制度中，老闆負責設定目標、制定標準和做出決策。如果有人提出要求，對方什麼都沒問就同意，原因往往都是權力互動。我們會說「好，沒問題。我會立刻處理。」或「好，聽起來不錯。」因為權威對這類對話的影響，是要求者就有責任要提出明確的要求。領導者提出要求的方式可以放慢步調，避免對方直接回覆「好的，沒問題。」領導者也許可以說：「我正在思考要用這個方式來改變流程，我們花幾分鐘討論一下，確保大家的想法都一致。」

　　在我家，我媽媽經常會要求我和我的兄弟姐妹做點什麼。她會說：「你們看，這麼亂七八糟！再不清理乾淨，你爸一定會很生氣。」她調用我爸的力量，讓我們做她想要求我們做的事。商界也有類似的情況。經理偶爾會為了展現權威，提出有點奇怪的要求，故意把上頭的老闆拖下水。「我們一定得在這個週末加班，把這些數據弄出來，不然珍妮佛一定把我們的頭砍掉。」或者，他們會提出要求，但卻不透露為何有這種要求。「我要一份針對第四季度銷售情況的報告。週一董事會要用。」或是，「這個新流程一定要在六週內準備完畢。」這兩個案例都沒說清楚，這個要求最原先是誰提出來的，而這一點很重要。這是開口提出要求者以外的人嗎？是高階主管嗎？是另一支團隊提出的要求嗎？

　　在我家，我媽媽想要得到什麼都要仰賴我爸的權威。這種策略可能在短期內奏效，但無法持續。我們幾個兄弟姐妹最後總會搞懂我媽在想什麼。而且商場的那個案例中，老闆珍妮佛從來沒有要求團隊要在週末加班。銷售情況的報告是執行長提出的要求，要在六個月內完成流程變更則是公司顧問提出的建議。團隊回應要求的方式，以及團隊產出的結果，都有可能會因為是誰提出要求而產生變化。了解要求的來源可以幫助我們避免犯錯，這樣不但節省時間，也比較可能讓要求者滿意。

　　權力互動也會藉由我們的肢體語言和語調發揮作用。我們提出要求的方式很多，從中規中矩、謙遜有禮、頤指氣使到讓人神經緊張都有可能。接收要求的時候，我們可以將這些要求視為邀請、鼓舞，也可以認為這些要求很嚴厲、很有成見。快速、狂風暴雨般的要求會引發一種情緒，而考慮周詳、清楚明確的要求會給人另一種感覺。如果老闆大聲咆哮：「明天早上把董事會的報告大綱放在我桌上！」那就幾乎沒有什麼提問的空間。這一類的要求比較像是沒辦法安心拒絕的提議。考慮周詳、揭露想法的要求則會鼓勵對方提問，促進相互理解。「我們可以來討論一下明天早上九點要用的董事會報告大綱嗎？」或是，「我知道我們都很忙，大家要不要今天下午一起來敲定預算？」

　　在提出要求時，濫用或謹慎使用權力的反面是不主張自己合法的權力。我們感覺不確定或不安全的時候，可能會怯怯地提出要求：「不知道你有沒有辦法很快把那份報告做完？」

「不知道你下週有沒有辦法可以來幫媽媽？」我們若發現自己落入這種模式，就該花時間調查自己針對權威的故事了。我們把權力交到誰手上？我們在什麼時候，碰到什麼人的時候，會如何迴避發言？

　　一般來說，我們的模式會是提出更多要求，而非提出提議。明天，記下你自己提出的要求和提議。也許沒那麼多，但這不代表這些要求和提議與你沒什麼關係。請留意我們會在什麼時候、跟誰，用什麼樣的方式提出提議。這會為我們提供很寶貴的資訊。「我能為這份工作、這個人、這項專案提供什麼？」或「我是否已經盡全力提供自己的能力？」之類的問題不太常見，而且這些話也不會脫口而出。但是，我們如果好好調查自己提出或沒有提出的提議，可能會發現限制自己潛力的故事。

　　我最近跟一位知名工程客戶蓋瑞開Zoom視訊會議；我們討論蓋瑞跟主管戴倫的一對一會面。他的策略是要詢問戴倫，自己需要做些什麼才能升職為副總裁。我在他提出的要求中聽到的是，他沒有明白說清楚自己想要什麼，或自己應該得到什麼。在他的領域，蓋瑞是一位備受尊崇的工程師。去年有好幾家大公司提議要給他很棒的工作機會，但他規劃跟戴倫溝通的方式卻很溫和。我請他思考一下自己想成為副總裁的渴望，並且考慮副總裁的權力會如何幫助他實現公司目標。他向戴倫提出的要求沒有讓對方看到，他深信自己的工程與領導才能未獲善用。他反思自己的渴望與價值觀之後，就能夠把溫順的要求

轉換成帶有自信的提議。重新組織對話，**讓**他可以展現自己是
個優異的人才。打破局限自己的故事，可以幫助我們重新發現
自己能為自己的工作、家庭和朋友提供什麼。

標準

在我們做出承諾的時候，我們的標準也扮演無聲的角色。
我們提出要求、提議和承諾，希望我們的渴望能夠實現。但是
我們是如何衡量和確認究竟有沒有實現呢？由誰決定？在一切
公平的狀態下，某個承諾算不算實現要由要求者決定。若是公
平競爭，老闆、同事、朋友或配偶都有權宣布，根據他們的標
準，某個承諾算不算已履行。但是，跟顧慮的情況很像，我們
的標準對我們來說太過理所當然，我們會忘記要討論一下，達
成共識。

把工作好好完成應該是什麼樣子？我們要怎麼衡量自己算
不算成功？用什麼來決定已經完成？施工過程中，建築案會有
一大堆規範跟規格，說明建案中每個部分的品質跟數量標準。
內容從混凝土品質到門把樣式，應有盡有。商場中，標準也是
無處不在。要如何衡量績效？我們要遵循哪些財務規則？股票
價值怎麼算？有哪些聘僱和解僱的規定？在理想的狀況下，企
業採用的標準應該要與企業的目標一致。我們的家庭生活也逃
不過標準的影響。孩子們可以看電視多久？把床整理好是什麼

意思？夫妻間要有多少性生活才足夠？應該在什麼時間用餐？沒完沒了啊！而所謂的情商和社交智商等軟技能也有標準。我們如何解決爭端？善意的謊言算有益還是有害？哪些是社會上可接受的拒絕方式？

標準跟權威問題之間，通常會有千絲萬縷的聯結。規則由誰制定？誰的標準比較重要？由誰決定某個承諾算不算已經履行？我最近跟一位高階管理人員合作，要把公司重組成幾個部門。重組後，她勢必會聘用新的領導者，她很擔心這些人的能力是否能達到她的標準，而她自己的能力又能否吸引且聘到外界的高階人才。作為新部門的領導者，她必須有權制定績效和文化標準，來達成公司的願景。

時間（標準的子集）

所有要求跟提議都內含時間元素。不僅要依據標準滿足我們的渴望，承諾也會決定「A」行動要由「B」人士在「X」時間內完成。在每個承諾中，不管大小、不管是否履行，時間都是關鍵因素。就跟這隻舞蹈的其他元素一樣，我們可以做出承諾，輕而易舉地討論要在什麼時間完成工作。

根據我們的生活經歷，我們的時間觀念也不太相同，介於超級準時或永遠都遲到之間。像許多模式和偏好一樣，我們很容易會忘記自己的解釋只是各種可能解釋中的一種。我們做

出承諾時，「盡快」就是典型的默認時間模式。這個說法很方便，但很模糊。它可能代表下個小時、明天或下週。這會讓我們的要求或提議顯得草率。老闆如果經常開會遲到，或合作夥伴話講個沒完，我們可能會因此不悅，無法理解爲何其他人會如此不尊重或不體貼。有些領導者會以準時開會的方式表示他們尊重員工的時間。其他工作排太多或無能的領導者則不會覺得自己遲到有什麼了不起，完全不知道自己遲到會對其他人造成什麼影響。在美國某些城市，晚上七點開始的宴會代表一回事，到了某些拉丁美洲國家則代表另一回事。

我不知道自己是在什麼時候、地點或原因，開始採用準時作爲自己的時間標準。但前幾章也提過，碰到我太太，或是碰到客戶排太多會議和工作超量等常見的問題，我就得克制自己的不耐煩，學會要跟大家先講好何謂「準時」，來解決時間問題。

釐清要求和提議

這隻舞蹈看似簡單。有人提出要求或提議，有人回應，然後，一下子就出現一個承諾。現在我們知道很快對上級、同事或朋友回答：「當然，我可以！」其實會有很多陷阱。快速說好也是一種對話繞路。放慢舞蹈的節奏，提出問題釐清情況，可以幫助我們避免食言而肥的後果。釐清要求或提議會爲這隻舞蹈多加一個舞步：2a。在回應之前，我們應該停下來，先花足夠的時間

來釐清要求或提議的要素。請回頭參考圖片9。

1. 我們每次要與他人協調行動時，都要先從要求開始：

   「可以請你在星期五前完成報告嗎？」

   「可以麻煩你跟我一起把我們的新策略寫在白板上嗎？」

   或提出提議：

   「我想引導這次會議。」

   「壞消息就讓我來跟大家講吧。」

2a. 在做出回應之前，我們應該先提出問題釐清情況，了解這個要求或提議的要素。

2b. 針對每一個要求或提議，我們可能會給以下任何一個答案回應：

   好

   不好

   提出另一個提議

3. 我們一說不行，舞蹈就終了。沒有達成協議。

4. 我們一說好，舞蹈就開始了。我們建立了協議。

5. 協議會讓事情付諸行動，來實現承諾。

　　要求者或收到要求的人都可以放慢速度，以四個問題引導提出幾個關鍵的問題。「請問（你知不知道）這個簡報是要給誰看的？」或是，「請問客戶打算怎麼運用這個資訊？」或是，「明天交給你好嗎？」或是，「你想要用什麼樣的格

式？」

　　花幾分鐘的時間，了解上司的觀點、同事的標準或親人的需求，可以讓雙方對承諾的內容達到比較多的共識。然後我們再接著走下一步：我們的回應選項。

　　承諾性對話接下來的步驟很有限。一共有三個基本步驟：好、不好和提出另一個提議。請回頭看圖片9。

好

　　快速說好很容易，會讓其他人很開心，不用花時間，也可以開始動手。以點頭或含糊不清的一聲「好」直接說好就可以讓某人不要再煩我們，但這麼做卻跳過了釐清步驟（這也是繞道）。而且這通常就代表我們草率同意協議。

　　對領導者來說，最好的方式就是不鼓勵下屬快速說好，用這樣的方式就可以開始改變承諾性對話的互動。如果你周圍都是應聲蟲，那你一定非常熟悉對話繞道。有人會快速說好就代表公司或團隊需要努力創造心理上的安全感，也要創造可以促進刻意進行合作式和創造性對話的文化。

　　思慮周全的「好」才是更好的選擇。這樣的回答會在談話中創造喘息空間。我們會謹慎地提出釐清問題，並考慮隱含承諾帶來的影響。我們如果認為自己能夠辦到，就可以有意識地，以誠信及自信的態度選擇回答「好」。

不好

　　大多數人都會不惜一切代價避免拒絕。拒絕一點都不輕鬆愉快，反而會感覺無禮、會引發爭議。但我一位老師拉斐爾・俄切維里亞（Rafael Echeveria）曾經說過：「不讓人拒絕的要求不能算要求，只能算命令。」出於這個原因，說「不」也應該是可以接受的選項。

　　權力問題會讓人們不敢發聲，怕會被報復，也因此覺得說「不」很不安全。相反的，如果我們讓提出要求的人擁有太多權力，我們可能會沉默，無法拒絕。不管原因為何，無法拒絕只會帶來我們根本不該答應的承諾，事後只會後悔或違背承諾。面對未受約束的權威，為了照顧自己以及其他人，我們必須要鼓起勇氣說：「不行，我沒辦法，因為這些理由。」

　　這麼多年來，我自己發現說不的力量。幾年前，一家財星200大公司的執行長要求我針對一位高階副總裁進行360度的績效評估。我滿清楚高階主管之間要合作不是非常容易。我的直覺告訴我要謹慎行事，但我同意要進行評估。我們針對目標、流程和時間表達成協議。經過一週完全保密的面談後，我把評估報告交給執行長跟那位副總裁。報告內容並不樂觀，其中點出這位副總裁的領導與溝通風格有滿多問題，同時，這位副總裁跟同事之間的關係很緊張——真的是很刺耳的消息。這位副總裁反駁我的評估。他不願意走下一個流程，而且在接下來的幾星期內跟執行長批評這份評估報告，質疑我的工作和報告的

效力。那一次經驗讓我學到的教訓是，我應該要鼓起勇氣聽從自己的直覺，學會拒絕。自此以後，如果領導者還沒做好準備接受嚴格的反饋觀點、不願意好好做自己的工作，或不授權讓我有擔任顧問或教練的權力時，我就會直接拒絕他們的要求，也因此拒絕了好幾家公司。

提出另一個提議

碰到要求和提議，有一種比較少見的回應是受到低估、未受重視的方法：提出另一個提議。我們的模式是急於說好，所以很容易會忘記其實還可以提出另一個提議。

我們如果可以花時間釐清並了解要求的內容，就有能力可以提供更合適的回應。簡單回答「好」看似合理、感覺沒問題，但它代表的是我們無法或不願意完成要求的所有元素。因此，我們可以提出另一個提議（參見圖片9）。我們可以建議說用圖表可能會比條列式好、可以進行期中審查、可以有不同的時間表，或制定不同的目標。釐清問題和提出另一個提議不會讓人覺得討厭，因為這麼做的主要目的是收集遺漏的資訊，增加雙方的共識，使承諾更有可能實現。以弗萊德的案例來說，如果他多問幾個問題釐清，就會發現非常多資訊。取得這些資訊，他也會對工作範圍有全新的見解，同時他還可以提出另一個提議，讓他可以多一個小時準備，確保自己沒做錯。

　　要提出另一個提議，還有一個方式是請要求者給自己一點時間考慮一下他們的要求。「你可以給我幾個小時的時間來研究一下數據嗎？這樣我就可以把它搞定。」在決定接受要求前，我們可能會需要幾個小時或一天的時間來收集資訊，考慮優先順序和時間表。深思後，再提出另一個提議，可以讓雙方回到這隻舞蹈的第一步。（請回頭參考圖片9）我們可以從要求開始，到提出另一個提議，再回到要求/提議，再回到提出另一個提議，直到雙方達成共識可以做出承諾。

　　弗萊德提出另一個提議時，實際上也等於提出要求，「可以多給我一個小時，來完成工作嗎？」潔奇可以選擇說好、說不好，或者再提出另一個提議（參見圖片9）。她可以回說，「延到五點半好嗎？我剛好開完會？」如果弗萊德回說，「好哦，這樣行得通，」兩個人就達成新協議，而且未來比較有可能會實現。

　　我學會在說「不好」之前先提出另一個提議。另外有兩次，有領導者要求我進行評估/評量，我的回應是要求與參與評估過程的所有人員簽署協議（先訂好遊戲規則）。藉著提出另一個提議，我就可以確保領導者了解我的標準、流程，以及其組織針對這次諮商制定的目標。成功的評估包括承諾會認可並且處理我提供的反饋意見。他們還必須承諾會完成必要的工作，改變自己的行為，以及對自己領導方式的看法。這兩次的經驗出現截然不同的結果。第一位領導者不願意接受流程指南，更不想承認自己也要努力改變。我因此拒絕了這份工作。

消災避禍！另一位領導者全心接受這個過程，也意識到自己需要改變，所以我與他合作，開始爲期六個月的旅程。這趟旅程對他大有助益。

○　○

　　碰到階級制度跟家庭，我們如何進行承諾性對話 —— 我們做出、不能做出或做不出來的回應、我們做出或違背的承諾 —— 對我們自己、人際關係和工作都會有重大影響。這種對話會應用我們在其他對話中學到的所有工具。提出要求、提出釐清問題、提出另一個提議都是一種合作式和創造性對話。開放型主張和提問、相互學習、謙虛探索大家的想法會產生更好的承諾和更值得信賴的關係。

　　承諾性對話之所以重要，是因爲它謙遜地提醒著我們一句格言：世界上唯一不變的就是變化。生活常常會出現沒預期到的失誤與意外，而且，再怎麼努力，計劃再好，還是可能會違背諾言。下一章，我們會談談違背諾言之後，要如何藉著思慮周詳的抱怨和道歉來彌補。

練習

- 留意你提出的要求，本質是什麼。這些要求很隨意？很含糊？還是很頤指氣使？在生活各個不同領域中，你提出要求的風格是否會有所不同？使用四個問題，看看自己要如何改進要求的方式？

- 在你提出或接受要求的時候，留意關注身體的信號和直覺。你的直覺是否正在跟你說，我覺得不太好，或是，怎麼直覺就不對勁？

- 記下你提出多少要求跟提議。大多數人提出的要求數量會比提議多。面對家人、朋友或工作，你提出要求和提議的情況有何差異？你上次提出的提議是什麼？你是向誰提出那個提議？

- 提議也會反映我們心裡認為自己在這個世界上能做到什麼，又做不到什麼。反思哪些內心故事可能會讓你自我設限。在生活哪些領域，你也許可以提出更大、更大膽的提議？

- 你回應他人要求和提議的模式是什麼？你的模式是不是包含直接說好？在同意要求前，先問幾個問題來釐清情況，感覺如何？嘗試提出另一個提議。留意這樣的作法如何改變你與其他人協調行動的情況。

- 反思你未履行的一些承諾。用四個問題來找出問題所在。你給出承諾時太過草率嗎？有沒有權力問題影響？你是不是有時候會覺得提出另一個提議或直接拒絕不安全？

修復性的對話

如果你老是在生氣或抱怨，人們不會有時間理你。

——史蒂芬·霍金（Stephen Hawking）

　　儘管我們盡了一切努力，也眞的有心要做事，我們永遠不知道事情會如何發展，因爲總會發生意想不到的事情。估價錯誤、團隊領導人辭職、孩子生病、因爲暴風雨所以停電、或者想法改變。未能履行的承諾會觸動情緒。我們生氣、抱怨或責備他人的時候，就是在扮演受害者的角色，情緒也會滑到情緒漏斗的最底部，而不是鼓起勇氣了解爲什麼會失信。

　　失信的原因可能很合理、很無辜，也可能有惡意。有人會違背諾言，可能是因爲當初不太敢拒絕、不小心忘記、情況改變、天災人禍、當初答應就是虛應故事，或僅僅只是因爲運氣不好。違背諾言的情況可能很簡單，例如老闆還是遲到，浪費員工的時間，或是親近的人失信導致雙方關係破裂。有些人

會心懷惡意做出虛應故事的承諾，但大部分的人允諾時都是心懷善意。在大多數情況下，會失信都是因為答應得太過草率，或是因為誤解。有人違背承諾時，個人和人際關係都會受到影響，計劃和專案進度停擺，信任關係也會因此動搖。

以個人來說，有人失信時，我們反應的方式也值得注意。我們是不是正在指責他人，覺得自己不需要負任何責任？**他們為什麼無法履行自己答應的東西？是溝通不良嗎？我明明把自己的工作完成了。**如果是我們自己犯錯，我們會怎麼反應？**我是不是誤會她想要什麼？我能不能做些什麼來彌補損害？**

在人際關係中，每次有人違背承諾都會產生後果。他為什麼同意接受採訪，結果人卻沒出現？她不能去接孩子是不是因為發生什麼事？我做出這個承諾時，是否了解背後的期望和標準？碰到這些情況，我們很自然會感到憤怒，會有負面評判。但了解對話有多複雜之後，我們就有工具可以探究出了什麼問題。每個承諾都很複雜，因此開放型提問又再次成為很好用的工具。

有人失信也會拖累工作進度。我曾經看過很多專案和目標，因為有人未兌現承諾、大家彼此不信任，所以進度停滯了好幾個月。我們都很清楚，只顧著互相指責和怪罪，對大家都沒好處。但我們的自我抬頭，讓我們採取防守姿態。我們深信自己的故事沒錯，另一方一定是搞錯什麼。我們的情緒愈來愈明顯，不斷抱怨和碎念。我們的私下對話充滿各種負面想法，例如，**我絕對不要為了這鳥事承受罵名！我會告訴董事會這都**

是你的錯！或是，又不是我的錯！是有人故意陷害我們。指責和自以為是的故事或許會讓人感覺很好，但帶來的負面後果也很嚴重。違背承諾又沒有好好解決，會破壞友誼、婚姻、夥伴關係和專案。

我諮詢過的一家金融公司請我參加移地靜思會。當時，稅務團隊和財務團隊已經完全不跟對方講話。更慘的是，這兩個團隊還在企業內公開互相批評對方。我來到會議現場時，兩個團隊之間不和的氣氛非常明顯。對這兩個團隊來說，誤解、失信、互不信賴已經成為常態。他們不知道該怎麼合作或整合他們的工作。

我們先針對接下來幾天的活動制定了規則和目標，接下來就開始循環制，每個人都可以用一到兩分鐘的時間，分享自己想從靜思會獲得什麼，不會被打斷。循環制的目的是呈現各種不同的觀點。結束循環發言後，我把每個團隊分成規模較小的小組，並要求小組列出或畫出他們的不滿。我明確地要求大家要以四個問題引導，並且要用開放的心態表達自己的感受、想法和擔憂。大約三十分鐘後，各小組向全體報告。每個小組在講述自己的故事時，我鼓勵其他人提出問題，幫助理解。這次的小組對話讓兩個團隊第一次真正聽到彼此的心聲。簡單扼要的整理他們分享的一些內容：「你們真的認為我們刻意阻礙你們的工作嗎？」「我完全不知道你們的主要目標是要收購或是為了新商機。」「我不了解你們顧慮的標準和法律問題。」「我很擔心你們某些團隊成員的行為。我們在這裡分享的一切都必須全體適用。」

　　兩個團隊都非常沮喪，因為他們認為另一個團隊故意阻礙，拖慢決策過程。財務團隊覺得稅務團隊提供的稅務建議太過保守，而且不停製造各種阻礙，讓他們無法掌握絕佳的新商機。稅務團隊認為財務團隊提供的經商建議對公司來說風險太大。

　　移地靜思期間，兩個團隊有充分的時間可以交流。釣魚探險、飛靶射擊和其他活動幫助團隊成員建立關係。樂趣和歡笑是消除有害緊張關係的良藥。

　　回到會議室繼續活動時，我請兩個團隊繪圖說明，未來如果可以用不同的方式來合作，會是什麼樣貌。兩個團隊的報告大同小異，再經過幾個小時的對談，我們開始記錄應該要採取什麼行動才能讓雙方修復關係。大家同意要成立一個跨部門的子團隊來制定整合計劃。他們要召開幾次跨部門季度會議，以保持聯繫、分享資訊，並且合協作解決任何爭議。兩個團隊還制定一些文化和流程規範，讓雙方合作可以更順利（例如，參加社交早餐會或下班後的活動；要習慣發問以避免誤會；互惠互利的情況下就合作；有話直說，並且相互提供有建設性的觀點；建立流程圖，詳細說明要如何做出跨部門決策）。

　　最後一個練習，是請每位領導者反思，並且寫下自己希望未來做哪三件事時可以有不同的作法。會議結束時，請每位領導者分享兩個想法。有一些領導者承諾自己要更用心傾聽，不要倉促下結論。其他人則想要成為榜樣，與自己的團隊分享這次移地靜思達成的協議。有些人有所領悟。這些人後來都承諾要改變自己咄咄逼人的溝通風格。我們花了好幾天，但一開始緊張的氣氛，

逐漸轉變成放開雙手、開放思想和心胸，也因此有機會可以重新建立信任。信任需要時間。隨著時間，伴隨著一次又一次的對話、一項又一項的行動、一個又一個的承諾。信任的基礎是可靠的協議、信守承諾，以及成功履行這些協議。

好幾次的失信是不信任的基礎。不信任的故事有破壞力。當你心想著「我不相信他」時，這絕不是什麼微不足道的小事，而且出現這樣的反饋其實很可怕。我們會迴避這些帶來爭議的對話，但這麼做無法解決爭端也無法改變情況，而且對我們和其他人都是傷害。與其迴避或陷入責備和羞辱的模式，不如把信任重新解構，幫助彼此了解情況、解決問題。

信賴由三個要素組成：

能力：問題是因為能力不足嗎？

誠意：承諾雙方是否都很真誠？

可靠性：可靠性是一直反覆出現的問題嗎？

能力是建立信任很重要的要素，但卻很容易被遺忘。提出要求時，我們很容易會忘記要考慮自己或其他人是否具備滿足這個要求的技能、知識和經驗。我們太習慣倉促行事，錯失好好評估能力的機會。在答應之前，最好先承認自己需要時間來學習某項技能，或確認其他人是否有能力可以完成工作。不要責備，不要羞辱。做出新的承諾讓我們有機會可以教和/或學。

誠意是評估某人的承諾和實際成果之間的差異。不管是有

意還是無意，不眞誠的行爲都可以揭露未解決的權威問題。我們會一直強迫他人同意是不是因爲我們害怕承認錯誤？我們是不是在不自覺間感到害怕，因此無法信守承諾？我們是不是嘴巴說一件事，心裡卻想著另一件事（私下對話）？我們是否以自動導航狀態運作，對新計劃說「好」，但心裡希望那個計劃最好遭到破壞？

可靠性談的是我們對品質、數量和時間訂定的標準。我們是否按照約定及期望完成工作？我們是否履行自己的承諾？我們做出承諾時，有沒有討論過明確的標準？我們有沒有在約定的時間出現？稅務和財務團隊來到移地靜思會時，完全不信任對方。財務團隊認爲稅務團隊不眞誠又不可靠。他們沒有盡本分，反而試圖阻礙財務團隊的專案，好擴大自己的影響力。稅務團隊認爲財務團隊無能，也相信財務提出的專案只會讓公司的聲譽和安全面臨風險。當這兩個團隊發現彼此間缺乏信任導致這麼嚴重的分歧後，他們分享自己對能力、誠意和可靠性的看法。他們有新的共同語言可以增進彼此的了解，重新建立信任。

選擇走開

我們若深入調查要求出錯的原因，可以評估責任、權力、心理安全和信任問題。如果我們決定某個要求不值得，我們可以有意識地選擇不要與對方接觸，但也要清楚認知到走開對個

人、人際關係和手上這個任務會帶來什麼潛在後果。

去年，我退出一個以政治為主的線上小組對話。儘管我已經盡了最大努力，其他人就是不想討論事實或考慮其他觀點。當我要求他們提供消息來源，以支持他們的主張，他們很顯然已經掉進充滿陰謀論、不實訊息和謊言的兔子洞。當我分享我的事實和資源時，小組成員不假思索地反駁說我的事實只是「主流媒體觀點」（main street press，MSP）。我很關心某些小組成員，也跟他們共事過，所以我努力說明為何需要理智對話，之後就讓大家知道我會退出小組。我不用再面臨讓人壓力山大的互動，之後也沒有回頭。

有位著名的禪宗曾經問過：「一隻手拍手會發出什麼聲音？」我喜歡問我的客戶，單向對話聽起來是什麼樣子。如果我們敞開心胸要進入對話，但遇到對方緊握拳頭，我們該怎麼辦？如果我們判定某個對話不安全，如果這個對話有不公平的權力問題，如果各方不願意以事實作為基礎，如果與會者的態度跟心胸都很封閉，或是，如果陳述的內容都來自無知與愚昧，我們可以選擇說不，退出對話。單向對話不值得我們花費心力。

提問、思慮周全的抱怨和道歉

承諾性對話的最後要素是思慮周全的抱怨（別人失信）或道歉（自己失信）。請參見第12章中的圖片9。

我們若能鼓起勇氣，帶著好奇心調查為何失信，我們就能在情緒螺旋上往上爬到頂端，用開放態度了解事實、改變人生的事件、誤解或只是可能很草率的承諾。思慮周全的抱怨和道歉在本質上屬於合作與創意（對話）。我們探索已發生的情況，糾正錯誤，之後就會發現自己又回到承諾對話的第一步，準備重新開始跳舞。

思慮周全的抱怨

思慮周全的抱怨（跟小家子氣的抱怨相反）是真誠地想嘗試了解怎麼會違背承諾，為何會失信，並與其他人確認情況，以了解究竟發生什麼事。提出思慮周全的抱怨，可能會讓我們發現自己的承諾太過草率，並且跟對方一起修復關係，重新開始。我們也有可能會發現對方沒有遵守約定，雙方都同意已經造成傷害，並且提出要求，彌補傷害。

還記得弗萊德跟潔奇的例子嗎？想像一下，如果弗萊德提交圖片的時間晚了兩小時。潔奇本來可以深吸一口氣，問一個簡單的問題來釐清雙方的承諾：「我們不是說好今天下午四點要交給我嗎？」說來簡單，做起來可不容易啊。要開口提問，我們得先擺脫自己的情緒反應（例如沮喪、憤怒、失望），才能不帶責備或評判地詢問。思慮周全的抱怨從承諾舞蹈的第一步就開始了。要求的內容是什麼？承諾的內容是什麼？我們是

否有針對時間、品質和結果達成共識？

　　如果潔奇問說：「我們不是說好今天下午四點要交給我嗎？」結果弗萊德說，「對不起，我忙著整理年終數據，忘記了。」或是他可能會回答說，「我行事曆上寫早上5點。聽起來是我弄錯了。」在互相信任的關係中，我們可以用好奇心、同理心、驚訝或打趣來回應。

　　面對日常承諾，我們很容易就會覺得過了就算了。何必大驚小怪啊？但正是如此，草率承諾才永遠不會消失──因為錯過的期限和不清不楚的期望比比皆是。如果我們不以思慮周全及謙遜的態度及時解決這些問題，它們就會融入背景，持續造成未來的誤解。

　　我們若能花點時間了解為什麼會違背諾言，我們可以提問、傾聽對方的回應、調整自己的想法，再評估這件事對我們、對人際關係和任務造成什麼損害。這時，處理私下對話就可以派上用場。潔奇的私下對話聽起來可能像這樣：**我就是不能信任這個人！他已經有三次都不可靠。我不能再給他多一次機會**。用四個問題來調查潔奇的私下對話，她就可以評估問題，判定在什麼時間點，出了什麼問題，並提出思慮周全的抱怨。但如果她不去調查對方為何失信，他們之間的信任關係就會動搖，相同的錯誤未來也會再次發生。

　　當有人提出新的要求時，思慮周全的抱怨就完成了（參見第12章的圖片9），承諾舞蹈又開始。為了讓雙方關係可以維繫，同時避免未來跟弗萊德之間又出現問題，潔奇可以提出兩

個要求：「好吧，弗萊德，不過未來，我們兩個都要刻意花幾分鐘時間，確保我們兩個對我提出的要求達成共識。如果我匆匆忙忙，請你叫我放慢步調，或是直接發訊息問我問題。因為我今天有期限要趕，我想，我們可以明天早上一起花一個小時來修改簡報內容。」如果弗萊德同意這兩個要求，那就可以做出新的承諾，雙方也可以重建信任。

　　一些失信的情況會比較嚴重。老闆失信。有人闖紅燈，撞毀了你的車。你的伴侶沒有依約出席晚餐。孩子們在門禁三小時後才回到家。雖然這些情況會帶來比較強烈的情緒反應，但也需要進行相同的調查工作。在大部分的情況下，無論我們有多激動，都可以深呼吸，放慢速度，提問、評估問題，並重新開始，提出賠償要求。

深思熟慮的道歉

　　深思熟慮的道歉必須始於真誠嘗試了解為何會違背承諾，並且與其他人核對，判定到底發生什麼事。我們可能會發現自己的承諾太過草率，再與對方共同決定如何修復、重新開始。我們可能也會發現自己沒有遵守約定。

　　當我們意識到，並且接受自己必須對失信負責時，謙虛的道歉就是最好的選擇。要做到這一點，我們必須先擺脫自己的不堪情緒或責備，探究到底出了什麼問題。深思熟慮的道歉

會讓我們重新思考承諾。**我答應要做什麼？我沒有履行什麼？中間有任何誤會嗎？**我們可能也要考慮信任的要素，也就是能力、誠意和可靠性等；然後我們就可以謙虛地承擔未能遵循協議的責任。

道歉的人若提議要彌補損害，深思熟慮的道歉就完成了（參見第12章的圖片9）。弗萊德和潔奇之間的承諾也可能會有不同的情況。例如弗萊德可能會意識到自己犯了錯，在潔奇有機會抱怨前，可能就已經先深思熟慮地道歉，承認自己的觀點，並且表明他願意討論究竟哪裡出了問題。「我意識到我記錯時間，我也知道你必須為今天的報告做好充分準備。我會在兩小時內把圖片準備好，然後我們可以會一起看一下，把簡報弄到最好。」

這跟直接說「對不起」的作法大異其趣。道歉有它的用處，但如果我們不花時間調查為什麼會違背承諾，道歉就只是避免衝突，想粉飾太平。思慮周全的抱怨可以幫助我們評估失信對個人、人際關係或任務造成的傷害，並且試圖理解。然後我們可以提出提議，或徵詢看看自己可以做些什麼來彌補傷害。探索問題所在的過程中，我們可能也會發現對方覺得我們的行為是針對他，那我們就可以向對方保證，自己的草率不會影響他們。

謙遜的道歉（參見第12章的圖9）會將我們帶回承諾性對話的開端。當我們願意承認錯誤，且願意彌補任何損害，就可以邀請對方進行相互尊重的對話，再建立信任。

花費的時間與損失的時間

在我們當中，有人面對困難，只想撐過這一天，所以很容易就會忘記給予堅定承諾時需要採取什麼步驟。這些步驟感覺很複雜，很耗時。只想採取行動的我們，會講述自己的故事，選擇繞道，趕快把工作完成。

再怎麼忙碌，深思幾分鐘也會讓我們受益，因為這樣我們就會在做出承諾時更有意識。如果團隊無止無盡地相互指責、盲目地不斷進行對話繞道，情況可能會持續好幾週，也可能會因為犯錯導致嚴重損失。在家中，若家人無法說出自己的心聲、不能表達自己的觀點，或心理上感覺沒有安全感，誤會和不尊重就會變成常態。

碰到失信的情況，採取這些最後的步驟來修復，可以幫助我們擺脫過去太過習慣的防備與內疚模式，也能幫助我們對承諾性對話有更完整的認知。因為了解承諾有多複雜，我們就可以放慢節奏，提出明確的要求和提議，並且在回答「好」或「不好」或提出另一個提議時更有覺知。必要時，我們可以重新檢視某個失信的情況，提出思慮周全的抱怨或道歉。

在前三種對話中，我們開拓想法，打開自己的雷達吸收其他人的觀點，並且擴大探索各種想法。承諾性對話則是以決定「好，我們擬好計劃了。」來結束拓展想法的週期。現在我們有新的故事要講，「策略是這樣。大家開始行動吧。」這句話讓我們重新開始調查、合作和創意的循環，因為我們周圍的世

界一定會發生變化。妥善執行承諾性對話絕非易事，但如果能
做好，承諾性對話可以改變遊戲規則。

練習

- 記錄自己在什麼情況下會以防備方式回應，而且不自覺就責備他人。這種防備心的背後是否潛藏什麼恐懼？

- 如果事情沒有按計劃進行，你什麼時候會以受害者的姿態出現？請留意這樣的作法如何讓你無法退一步，試圖理解爲什麼會違背承諾，也無法地提出適切的道歉或抱怨。

- 反思有哪些人際關係之間的信任受到質疑。用能力、可靠性和誠意這三個組成要素拆解這個不信任的故事。你要如何應用這些資訊邀請對方加入對話，重新建立信任？

- 練習謙遜地抱怨。有人未能履行對你的承諾時，花一點時間確保這個承諾本身既具體又明確。如果當初的承諾不太明確，那可能不適合抱怨。如果當初的承諾很明確，邀請對方針對他們那邊發生的情況提出同意或不同意的觀點。使用四個問題引導，揭露和理解發生什麼問題以及造成什麼傷害。他們忙到忘記時間嗎？他們不知道該怎麼做嗎？無論問題爲何，承認問題確實存在，再提出彌補傷害的要求，以避免將來再犯類似的錯誤。

- 想一個自己過去沒有實踐的承諾。那個承諾夠明確嗎？如果很明確，請用四個問題來探究自己爲何失信。再用自己發現的內容提出謙遜的道歉，解釋發生什麼情況以及爲什麼。提出彌補損害的提議來完成這個道歉。

結論
一生的旅程

玫瑰如何打開心扉，

把自己所有的美獻給世界？

儘管害怕，玫瑰感受到光的鼓勵。

不然我們會一直怯步不前。

——哈菲茲（Hafiz），波斯神秘主義者和詩人

　　在導論中，我承諾要跟讀者們說明要如何進行更好的對話。我希望在你閱讀這本書的過程中，已經注意到自己的轉變。而且現在的你已經可以留意到對話中的細微差異。如果你有這種感覺，那麼你很有可能已經可以更用心觀察自己，同時可能正在學習減少內心批評的聲音，增加自己的同理心，改善自己的幽默感。為了進行更有意識的對話，我們所做的各種努力都會幫助我們變得更深思熟慮、好奇，也會對自己和其他人更友善。

在對話中保持清醒

這四種對話都有相互關聯。而我們的日常互動交織在一起，像一幅錯綜複雜的掛毯畫，持續影響我們的家庭、社交和職場生活。碰到艱困的時刻，比較明智的做法是刻意把每個對話步驟都走過一回 —— 從說故事、合作性再到創造性的對話 —— 直到我們來到承諾性的對話。如果你發現自己處於自動導航狀態，就進行調查，改變一兩個模式，並且邀請其他人一起合作和共同創造，這可以讓成為更開明的對談者。

以下說明有意識的對話可以在哪些方面改善我們的生活：

- 改變自己腦中的老故事可以改變自己的想法和反應，重新聆聽我們所愛的人說的話，也能把最好的自己帶到工作上。

- 管理我們的情緒反應可以幫助我們敞開心胸，改善自己與其他人交往的能力。我們會變得比較脆弱，對不同的觀點抱持開放態度，並能夠享受意想不到的合作。

- 在我們詢問其他人的觀點時，會發現並欣賞更多元的觀點，以及不知為不知的自由。我們可以合作，一起重新思考自己的標準，創造共同的目標，管理權威問題，接受並發掘新的可能性。

- 允許自己放鬆，探索驚奇，會讓我們對生命的奧秘感到敬畏。我們練習習慣自己不知道所有的答案，並且相信

直覺。我們也會欣賞自己和環境之間的聯繫。

• 有意識的承諾會讓我們慢下腳步，幫助我們做出明智的決定。有意識的承諾可以避免對話繞道，並建立信任關係。意識到自己如何與他人協調行動，可以幫助我們改善手上的工作。

我們的日常對話可以成為我們的老師。任何互動都會讓我們意識到某個有害或無益生產的模式。更重要的是，要找到合適的個人步調來練習不同對話的工具。練習可以改善情商，減少讓你自我設限的恐懼，重新相信直覺，並且培養更專注的人際關係。儘管每個人的個性和模式各不相同，但每個人都希望生活壓力更小、生活更幸福。

進行有意識的對話是一生的旅程。即使已經練習三十年，我還是得繼續努力。任何一天，任何一件事都可以叫醒我，讓我留意。生活本來就是混亂，儘管我們盡了最大的努力，宇宙仍然會不厭其煩地在我們的道路上設置路障。練習不會改變這一點，但練習可以改變我們碰到混亂情況或意外事故的反應方式。我們所做的任何改變，無論大小，都可以幫助我們放鬆、接受和擁抱生活中發生的一切。

好好觀察

好好觀察者自己和其他人。當我們用不帶評判的態度以及幽默感面對，就可以看到自己採用的模式、信念、標準和渴望，而這一切都會藉由自我認同來推動。四個問題是很好用的小抄，可以用於調查我們的模式，穩定自己的情緒。它們可以幫助我們問自己這樣的問題：我到底在擔心什麼？我是否碰到權力鬥爭？我是否堅持與現實不符的渴望？我是否堅持一些會讓自己或其他人瘋掉的標準？我在情緒螺旋往上爬的時候，有什麼不同的感覺？

我們如果能好好觀察自己，對自己的故事更有覺知，就不會再被這些故事困住。身為見證人，我們會更有能力可以調查和改變這些故事。我們也可以接受，每個人都代表自己的非凡歷史和特殊故事。我們每個人都有自己的缺陷，也可以欣賞自己在任何一刻都盡力而為。慢慢地，我們可以驅除一些心魔，讓自己變得更輕鬆、更善良、更快樂、更睿智。

接受現實的模樣

當我們增加自己的覺知，就會開始欣賞生命背後更偉大的力量。無論我們如何稱呼這更高的存在——上帝、原動力、奧秘（個人最愛）、宇宙能量或生命力——我們生活中的方方面面都

與更廣大的奧秘連結。生命的力量會藉由個人和群體來體現。

我們的自我會欺騙我們，讓我們以為自己是宇宙的主人。如果我們不調查自己的故事，就很容易會陷入這樣的陷阱，相信世界圍繞著自己轉，直到某個事件觸動情緒，讓我們受苦。我們清醒過來的時候，令人失望的生活事件會提醒我們，其實生活一直都很複雜，而且各種事物都相互連結。我們無可避免地會遇到黑暗勢力，以及會帶來不幸後果的人類信仰或行為模式。有些人會使用暴力、冥頑不靈、種族歧視或厭惡女性。這些沒有覺知的人相信光怪陸離的事情，而且愚蠢行事。如果我們能夠學會接受這個現實——這不代表我們要喜歡這個現實——那我們就可以用更理智的角度參與這個世界、採取行動。

我們正在讓人類意識的模式演進。我們生活在（螺旋）光譜上〔請參見唐・艾德華・貝克（Don Edward Beck）和克里斯多福・C・柯恩（Christopher C. Cowan）所著的《螺旋動力學：掌握價值觀、領導力和變革》。它以克萊兒・W・格雷夫斯（Clare W. Graves）提出的新興週期理論來基礎〕。這個光譜的範圍有源於恐懼以及以自我為中心的行為，到擴展、和平和寬容的意識；從以狹隘的思維看待是否對錯，到接受多種存在和創意合作的想法；從威權、自上而下的傲慢到相互賦權和領悟都有。

接受生活中發生的一切會擴展我們的想法，使我們面對現實，並讓我們在意識螺旋往上爬。生活中總會有些東西讓我們不喜歡，但碰到不公不義、不平等、弔詭的政治、愚蠢的老

鬧，甚至糟糕的天氣，大吵大鬧、大吼大叫只會讓我們一直停留在自動導航的狀態。藉由有意識的對話，我們可以從對抗現實的狀態，改為更有成效地共同創造解決方案，讓人類的意識可以向前推進，往螺旋上方爬。以下說明這四類對話可以如何提供幫助：

說故事的對話：你的故事不是真相

享受你的情緒和故事，但如果這些情緒和故事會讓你感到心煩意亂，那就要準備進行調查。你會需要嚴格的關愛和歡笑。利用四個問題解構每個有害的評判。碰到會讓你自我設限，無法貢獻所長給世界的故事，就要把它打破。抹除過去自我設限的自我評估，用新的故事真實反映自己是誰或想成為什麼樣的人。謙虛地向他人承認，你的故事會包含不同程度的偏見、評判、情緒、事實和觀點。

合作性的對話：尋求試圖理解並吸收他人的觀點

開放型主張和提問是很重要的工具。利用四個問題來闡明自己的立場，並向他人提出誠實的問題。好奇心引導的問題是幫助你吸收觀點和傾聽的最好方式。我們練習開放型主張和提

間的時候，要減少評判，用心傾聽自己和他人的觀點。我們會開始看到並感受到其他人的痛苦，我們也會培養好奇心、開放心態、相互理解和寬容。這些特質會讓我們往螺旋上頭走，大幅減少我們的恐懼和憤怒。日常練習會帶來小小的成就，而且累積起來會產生強大的效果。

好好觀察，留意常見的模式。我們會看到人類受苦的方式很類似。正如亨利・華茲華斯・朗費羅（Henry Wadsworth Longfellow）所述：「如果我們可以閱讀敵人的祕密歷史，應該會發現每個人一生中的悲傷和苦難已經足以消除所有敵意。」理解和慈悲心可以讓我們往螺旋上走，追求普世的愛。

創造性對話：相信你的直覺

在開始行動或要求別人回答之前：

1. 試著先放慢速度，深呼吸，讓自己的想像跳脫自己故事的界線。
2. 花時間合作，探索不同的觀點和意想不到的可能性。
3. 避免對話繞道，也不要倉促採取行動。
4. 放輕鬆，試試看，接受自己永遠本來就不可能擁有所有的答案。

我們理性的大腦會努力要獲得答案，但若是我們可以提出好奇的問題時，就可以幫我們拓展思維，以更廣的視角看世界，並慢慢學會相信自己的直覺。我們若能放棄堅持自己才是對的，也放棄要控制一切，就會遇到自然的智慧。我們若能學會放手，當生活發生讓我們意想不到的事情，我們就可以享受心流。同時我們也能好好觀察、接受自己能改變和不能改變的事情，更善於擁抱自己能控制和不能控制的事情。當我們解放自己的直覺，或許就能會更加清醒地面對自己遭遇到的一切。

承諾性的對話：不要做出無法兌現的承諾

我們對對話的意識愈強，愈會悄悄地發現自己其實知道該怎麼做。我們知道要如何釐清情況、何時該說好，何時該提出另一個提議，何時該說不。我們不會提出傲慢無禮的要求，只會謙虛而尊重地提出要求和提議，以創造更好的承諾，產生更成功的結果。而且我們也知道自己什麼時候應該選擇離開，遠離衝突來保護自己。當我們重塑阻礙我們前進的故事，我們就能意識到機會來臨的時刻，更完整地擁抱我們可以為世界提供的天賦和才能。我們可以做出有意識的承諾來服務他人，並且一起創造成功且充實的未來。

如果有一種藥丸可以像魔法般地改變對話方式，讓對話可以符合自己的需求，那該有多好。雖然沒有神奇藥丸，但我們

可以選擇這本書裡面適合的概念來練習。這些概念可以伴隨我們一生，成為我們人生旅程的一部分。三十年來，我一直在練習，有時成功，有時失敗。我沒有什麼完美的方法，但努力不斷改進、對話時專注當下、開放心態、表現脆弱其實很有吸引力也很有感染力。進行更多有意識的對話可以幫助我們每天減輕壓力，讓心情更加平靜，也對我們有益。我們踏出的每一小步都會影響世界。

祝你有趟愉快的旅程！

參考文獻

網站和 Podcasts

- Katie, Byron. "Whose Business Are You In?" Accessed April 19, 2022. https://thework.com/2006/09/whosebusinessareyouminding.
- Lewis, Michael. Against the Rules [podcast], Season 2, Pushkin, https://pushkin.fm/show/againsttheruleswithmichaellewis/.

書籍

- Barrett, Lisa Feldman.How Emotions Are Made: The Secret Life of the Brain. Boston: Houghton Mifflin Harcourt, 2017.
- Beck, Don Edward, and Christopher C. Cowan. Spiral Dynamics: Mastering Values, Leadership, and Change. Hoboken, NJ: WileyBlackwell, 2005.
- Covey, Stephen R. The 7 Habits of Highly Effective People. New York: Free Press, 2004.
- Goleman, Daniel. Emotional Intelligence. New York: Penguin Random House, 1995.
- Kross, Ethan.Chatter: The Voice in Our Head, Why It Matters, and How to Harness It. New York: Crown, 2022.
- McGilchrist, Iain. The Master and His Emissary: The Divided Brain and the Making of the Western World. New Haven: Yale University Press, 2010.
- Pink, Daniel H. A Whole New Mind: Why RightBrainers Will Rule the Future. New York: Riverhead Books, 2005.
- Ruiz, Don Miguel. The Four Agreements: A Practical Guide to Personal Freedom. San Rafael, CA: Amber Allen Publishing, 1997.
- Senge, Peter M. The Fifth Discipline: The Art and Practice of The

Learning Organization. New York: Doubleday, 1990.

- Tolle, Eckart. The Power of Now: A Guide to Spiritual Enlightenment. Navado, CA: New World Library, 1999.

謝辭

　　這本書留在我腦中20年之久，把它寫出來比我想像得還要困難許多，但收穫也更大。我剛開始寫、跌跌撞撞、停下來、又重新開始時，是因為有來自家人、朋友、老師和客戶的支持和鼓勵，才讓我能堅持到底。

　　若不是因為我最好的朋友、編輯和妻子卡塔，我不可能會有這趟改變職業生涯的冒險（畢竟我們有兩個年幼的孩子要養育照顧），也寫不出這本書。她用自己安靜而善良的方式，在我掙扎、自我懷疑的時候，在背後支持著我往前繼續走。

　　我的兩個兒子班跟山姆可能完全不知道，在他們長大的過程中，曾經被我當成方便的天竺鼠，用來試驗我對語言的新知識。我們可能只是到哈佛廣場散散步，我就忽然開始小跳步，那個時候他們會很激動地說：「爸爸不要小跳步啦，很丟臉耶！」我會回說：「有什麼好丟臉？我只是小跳步而已。」如今他們兩個都已經長大成人，又有才華又善良。謝謝你們一路陪著我和媽媽。我超愛你們的。

　　感謝我的兄弟姐妹、姻親跟家族的親戚，感謝你們容忍我時不時發表很多跟人生有關的宣言。你們的愛、友誼和幽默感真的無價。

如果沒有我的客戶，這本書有很多內容大概都寫不出來。過去三十年間，我擁有好幾位支持我工作的傑出人士，包括戴夫‧米德（Dave Meador）、彼得‧歐雷斯亞克（Peter Oleksiak）、道格‧菲爾德（Doug Field）、傑米‧波里尼（Jamie Bonini）、肖恩‧派德森（Shawn Patterson）、史蒂夫‧安柏斯（Steve Ambrose）、凱西‧費洛斯（Kathy Fellows），以及戴夫‧福克森（Dave Fulkerson）。我要向這些人以及我的其他客戶（我沒有列名單，因為很害怕會漏掉某些人）致敬，各位全心努力成為更好的領袖，以及更好的人，因此激勵了我和許多其他人。這個世界因為有各位的領導而變得更美好。

感謝我的朋友、我才華橫溢且瘋狂的樂隊成員、劍橋的老朋友、威蘭的工作人員以及我們在曼徹斯特的老友，我無法一一列名，我們的對話，從很爆笑到很哲學的內容都無比寶貴。各位都讓我腳踏實地，並且追求更多。謝謝各位一直容忍我。

如果沒有好幾位才華洋溢的編輯幫助我，我可能無法承受寫這本書的挑戰。柯林‧吉拉德（Colleen Gillard）、珍妮‧錫伯杜（Jeannine Thibodeau）與彼得‧海曼（Peter Heyrman）幫我處理早期的草稿。莫瑞‧麥克里（Morellen Macleash）陪了我一年多，大力幫助我理清、組織和建構書中很多概念，這些概念也成為這本書的基礎。我也很幸運能由好友喬伊‧霍洛維茨（Joy Horowitz）引薦，結織了莫琳‧歐布萊恩（Maureen O'Brien）。莫琳在出版業是一位成就非凡的專業編輯。她是我這位「實習作家」的導師；因為有她的指導和鼓勵，我才能學

會如何寫作。另外，在過去這一年間，傑瑞米·艾維斯·赫曼（Jeremy Elvis Herman）成為無比珍貴的合作夥伴，幫助我完成最終手稿。他懂得欣賞、才華洋溢，而且會給我善意的批評。

Liza Dawson Associates的湯姆·米勒（Tom Miller）是我的作家經紀人。湯姆處理暢銷書和獲獎書籍的記錄良好。當他表示對我的書籍有興趣時，我興奮不已。時至今日，我依然記得我們在紐約的第一次會面。我們聊得很愉快，他對這本書很感興趣。最後他問我想要什麼；我說，「我需要有個經紀人可以代表我。」他說：「好哦，那就是我啦！」我回到旅館房間，流下喜悅的淚水。湯姆很聰明、有才華、經驗豐富、又堅強，而且非常會推薦。感謝你讓我和這本書成為你經紀記錄的一部分。

在湯姆的幫助下，我與Berrett-Koehler達成了出版協議。我在Berrett-Koehler的編輯尼爾·莫雷特（Neal Mallet）一直鼓勵我。我無法表達有尼爾這麼資深的編輯可以處理我的手稿，讓我有多麼放心。我對出版業完全不熟，需要有人教，也要有人引導，才能在複雜的圖書出版世界中前進。Berrett-Koehler的整個團隊都很專業，而且因為我這本書的性質，團隊的合作和共同創造任務真的是完美組合。我要向所有人致敬。

最後，我要感謝過去三十年來支持我的老師和同事。我剛剛轉職的時候，有幸接受了世界級大師的訓練，成為哈樂手療（Hellerwork）身心治療師，其中最著名的老師是約契夫·哈樂（Joseph Heller）、史都華·貝爾（Stuart Bell）跟唐·聖約翰（Don St. John）。我開始為領導者及團隊提供諮詢時，琳

達‧瑞德（Linda Reid，也是啓發我從事這項工作的人）、朱利歐‧歐利亞（Julio Olalla）、拉斐爾‧俄切維里亞（Rafael Echeverria）、蕾斯莉‧波利特（Lesley Pollitt）、弗萊德‧克夫曼（Fred Kofman）、艾美‧福克斯（Amy Fox）、戴芙拉‧弗拉迪（Devra Fradin）、韋恩‧邁爾斯（Verne Myers）、蓋瑞‧摩爾斯（Gary Morse），彼得‧亞利森（Peter Axelson）和嘉內特顧問公司（Garnett Consulting）的所有人都是我的導師和朋友。

在精神上，我曾經接受奧修（Osho）、拉梅什‧巴爾塞卡（Ramesh Balsekar）、韋恩‧利克爾曼（Wayne Liquorman）、拜倫‧凱堤（Byron Katie）、艾克哈特‧托勒（Eckart Tolle）和米格爾‧魯伊斯（Miguel Ruiz）等人的幫助。這本書充滿他們睿智的話語。

國家圖書館出版品預行編目資料

讓對話，不再模糊與情緒化：當情緒將對話導向誤解、衝突與沉默時，如何
重新聚焦對話，一同前進 / 查克‧威斯納(Chuck Wisner)著；李姿瑩譯. --
初版. -- 臺中市：晨星出版有限公司，2023.07
　面；公分 . ─（勁草生活；536）
　譯自：The art of conscious conversations : transforming how we talk,
listen, and interact

　ISBN 978-626-320-460-7（平裝）

　1.CST: 組織傳播 2.CST: 人際傳播 3.CST: 溝通技巧

177.1　　　　　　　　　　　　　　　　　　　　　　　112006298

勁草生活 536

讓對話，不再模糊與情緒化

當情緒將對話導向誤解、衝突與沉默時，如何重新聚焦對話，一同前進

The Art of Conscious Conversations: Transforming How We Talk, Listen, and Interact

作者	查克‧威斯納（Chuck Wisner）
譯者	李姿瑩
編輯	許宸碩
校對	許宸碩
封面設計	初雨有限公司（Ivy_design）
美術設計	曾麗香

創辦人　陳銘民
發行所　晨星出版有限公司
　　　　407 台中市西屯區工業 30 路 1 號 1 樓
　　　　TEL：（04）23595820
　　　　FAX：（04）23550581
　　　　https://star.morningstar.com.tw
　　　　行政院新聞局局版台業字第 2500 號
法律顧問　陳思成律師
出版日期　西元 2023 年 7 月 15 日　初版 1 刷

歡迎掃描 QR
CODE
填線上回函

讀者服務專線　TEL：（02）23672044 /（04）23595819#212
　　　　　　　FAX：（02）23635741 /（04）23595493
　　　　　　　service @morningstar.com.tw
網路書店　https://www.morningstar.com.tw
郵政劃撥　15060393（知己圖書股份有限公司）
印刷　上好印刷股份有限公司

定價 390 元

ISBN 978-626-320-460-7